Checker Tobi

Der große HAUSTIER-Check

KATZE, HUND, KANINCHEN:

Das check ich für euch!

Geschrieben von Gregor Eisenbeiß

cbj

Checker TOBI

Der große HAUSTIER-Check

HEY LEUTE!

Habt ihr auch schon mal davon geträumt, ein Haustier zu haben? Einen treuen Freund, der mit euch durch Dick und Dünn geht? Jemanden zum Liebhaben, zum Spielen und Toben oder der euch tröstet, wenn ihr traurig seid? Ja? Kein Wunder, denn das geht den allermeisten Kindern so.

Und für viele Kinder ist dieser Traum bereits in Erfüllung gegangen: Fast jede zweite Familie in Deutschland besitzt mindestens ein Haustier! Also allerhöchste Eisenbahn für meine geniale Roboterassistentin Roberta und mich, einen großen Haustier-Check zu machen!

Denn ein Haustier ist noch viel mehr als ein Spielkamerad oder lebendiges Kuscheltier. Es ist ein echtes neues Familienmitglied!

Mit so einem neuen Familienmitglied geht natürlich auch jede Menge Verantwortung einher, die du dir vielleicht bis jetzt noch gar nicht so richtig bewusst gemacht hast. Ein Haustier zu haben, bedeutet nämlich auch, Katzenhaare vom Sofa zu saugen, einen Meerschweinchen-Stall auszumisten oder bei strömendem Regen mit dem Hund vor die Tür zu gehen.

Tiere im Haushalt sind manchmal also herausfordernd, in jedem Fall aber auch eine echte Bereicherung im Leben – mit ganz eigenen Wünschen und Bedürfnissen. Welche das sind, was für ein Haustier vielleicht am besten für dich geeignet ist – und was du und deine Eltern bedenken müsst, erfährst du in diesem Buch.

Hast du Bock? Cool.

Dann viel Spaß mit dem großen Haustier-Check!

WER, WAS UND ÜBERHAUPT?

Haustiere werden in Deutschland immer beliebter: Inzwischen leben schon ungefähr 35 Millionen Katzen, Hunde, Vögel und andere Tiere bei uns. Und es werden immer mehr! Ist ja auch irgendwie kein Wunder, schließlich sind die meisten Tiere auch supersüß und es ist einfach schön, jemanden an seiner Seite zu haben, den man liebhat, mit dem man spielen oder um den man sich kümmern kann.

Die Beziehung zu einem Haustier ist etwas ganz Besonderes – und tut auch uns Menschen gut: Es ist sogar wissenschaftlich belegt, dass es uns mit einem Haustier an unserer Seite besser geht, wir meist gesünder leben und ausgeglichener und zufriedener sind als ohne.

Dass Menschen und Tiere eine Beziehung haben können, die mehr beinhaltet, als sich gegenseitig zu jagen und zu fressen, nahm vor ungefähr 20.000 bis 15.000 Jahren seinen Anfang. Das war, noch bevor die letzte Eiszeit auf der Erde endete und die Winter wärmer und feuchter wurden.

Im sogenannten „Fruchtbaren Halbmond", einer Gegend, die sich vom Persischen Golf im Süden des heutigen Irak über das nördliche Syrien, den Libanon, Israel, Palästina und Jordanien bis zum Norden von Ägypten erstreckt, war es sogar schon ziemlich cool zu leben: Es gab viele Tiere und massenweise essbare Pflanzen. Also zwei ziemlich gute Gründe, um sich dort niederzulassen, Siedlungen zu gründen und auf die viel entspanntere Viehzucht umzusatteln, anstatt sich auf die gefährliche Jagd zu begeben.

Ganz so einfach mit der Tierhaltung wie heute war das damals aber natürlich noch nicht. Schließlich waren alle Tiere noch wild und das Leben mit dem Menschen nicht gewohnt. Sie mussten also erst domestiziert werden.

Was das ist und wie das funktioniert? Das check ich für euch!

Checker FRAGE

Was ist Domestizierung?

Domestizierung, auch Domestikation genannt, leitet sich aus dem lateinischen Wort „domus" ab, was Haus bedeutet. Es meint, dass die Tiere als Nutztiere mit dem Menschen unter einem Dach leben. Die Wildtiere mussten also erst einmal an ein eingezäuntes Leben im oder neben einem Haus gewöhnt werden.

Ausgewählt wurden Tiere, die nicht sofort flüchteten oder den Menschen direkt angriffen – und die einen praktischen Nutzen hatten. Schließlich ging es darum, das eigene Überleben zu sichern.

Beliebt waren daher zum Beispiel Wildschafe, Rinder oder Wildziegen. Also die Vorfahren genau jener Tiere, die ihr auch heute noch auf einem Bauernhof findet.

Anstatt sie auf der Jagd zu töten, wollte man sie an ein Leben mit dem Menschen gewöhnen. Dazu wurden einzelne Tiere einer Herde gefangen, gefüttert und gepflegt. Das war die wichtigste Methode, um Tiere zu domestizieren. Man achtete darauf, dass sie sich vermehrten, und schlachtete nur so viele Tiere, wie man zum Essen brauchte und um ihr Fell zu Kleidung zu verarbeiten.

Über viele Generationen hinweg gewöhnten sich die Tiere immer mehr an den Menschen. Nach und nach entwickelten sie sich so zu den Kühen, Schafen, Ziegen oder Schweinen, die wir heute kennen. Genau wie früher halten wir diese Tiere auch heute noch, weil wir ihre Kraft nutzen oder ihr Fleisch essen – sie uns also nützlich sind. Deswegen werden solche Tiere auch Nutztiere genannt.

Aber nicht alle Haustiere mussten vom Menschen domestiziert werden. Manche Wildtiere erkannten für sich selbst einen Vorteil, bei Menschen zu leben, und schlossen sich ihnen freiwillig an. Beispielsweise, weil es für sie dadurch einfacher war, an Fressen ranzukommen, oder sie vor Feinden besser geschützt waren.

So eine Selbst-Domestizierung war vermutlich zum allerersten Mal vor ca. 20.000, vielleicht sogar schon vor 100.000 Jahren beim Wolf der Fall, also dem Vorfahren des Hundes. Damit gilt ein Hund auch als das älteste Haustier überhaupt. Ganz ähnlich, wenngleich etwas später, war es wohl auch bei der libyschen Falbkatze, eine Unterart der Wildkatze. Auch die Katze erkannte den Vorteil, sich von den Abfällen der Menschen zu ernähren, anstatt selbst auf die Jagd gehen zu müssen.

Als die Menschen sesshaft wurden und begannen, Ackerbau zu betreiben, bemerkten sie, dass die Katzen ihre Ernte vor Nagetieren schützten.

Sie mussten sich nicht mehr selbst um Ungeziefer, Ratten und Mäuse kümmern, das machten die Katzen. Die wiederum hatten es einfacher im Leben und blieben bei den Menschen.

Der Prozess der Domestizierung verschiedener Tierarten dauerte viele Jahrtausende. Das geschah überall auf der Welt: Hühner, Wasserbüffel und Pferde wurden erstmals in Asien gezähmt, Lamas und Alpakas in Südamerika und Esel kommen ursprünglich aus Afrika.

FRAGE gecheckt!

Heutzutage macht ja kein Mensch aus seinem Meerschweinchen einen Sonntagsbraten oder will seiner Katze ans Fell, um sich eine warme Jacke daraus zu machen. Wenn wir aber ein Tier halten, das kein Nutztier ist, spricht man nicht von Haustieren, sondern von Heimtieren. Zumindest offiziell. Im Alltag sagen wir natürlich trotzdem alle Haustier, wenn wir zum Beispiel einen Hamster meinen.

Aber egal ob Heim- oder Haustier, für alle gilt: Sie unterscheiden sich durch die Domestizierung deutlich von ihren wilden Artgenossen.

Obwohl sie von ihren Genen her fast gleich sind, hat zum Beispiel ein Chihuahua ja nicht mehr wirklich viel von einem Wolf, oder? Und ein Hausschwein zum Beispiel hat viel weniger Fell als sein wilder Verwandter.

Zudem sind Wildtiere meistens größer als ihre häuslichen Artgenossen. Man kann aber nicht nur äußerliche Merkmale unterscheiden, sondern auch das Verhalten. Wildtiere reagieren deutlich aggressiver auf Gefahr, können sich besser verteidigen und besser flüchten. Das sind für sie äußerst lebenswichtige Fähigkeiten, die ein Haustier einfach nicht mehr benötigt heutzutage – schließlich lauert ja selten ein Feind in der Wohnung oder im Käfig.

Katzen haben im Laufe der Jahrtausende sogar ihre Sprache angepasst. Normalerweise miauen nur Jungkatzen – und das auch nur, wenn ihre Mutter in der Nähe ist. Ältere Wildkatzen machen das überhaupt nicht! Hauskatzen dagegen zeigen dieses Verhalten immer – um dem Menschen einfacher etwas mitteilen zu können. Domestizierte Tiere haben übrigens ein um bis zu ein Drittel kleineres Gehirn als ihre wilden Verwandten. Haustiere sind also durch den Menschen mit der Zeit zwar immer friedlicher geworden, aber, wenn man ehrlich ist, nicht unbedingt intelligenter.

Ein Haustier zu halten, bedeutet leider meistens, dieses Lebewesen einzusperren. Daher verurteilen manche Menschen jede Art von Haustierhaltung als Tierquälerei. Für sie gehören Tiere grundsätzlich nicht in eine Wohnung, sondern in die Natur.

Andere Menschen sind der Meinung, dass es Tieren in freier Wildbahn nicht unbedingt besser geht, weil sie dort oft von Hunger und Krankheiten geplagt oder gleich aufgefressen werden. Viele Heim- und Nutztiere genießen zudem durchaus den Umgang mit den Menschen. Für viele ist ein Leben mit Menschen völlig okay – allerdings nur unter der Voraussetzung, dass die Tiere artgerecht leben können.

Was das heißt?
Das check ich für euch!

Was ist artgerechte Tierhaltung?

Für Tiere unterscheidet sich das Leben mit uns Menschen ziemlich krass von dem in der Natur. Das hat Vorteile, weil dein Tier zum Beispiel viel weniger Gefahren ausgesetzt ist. Es kann aber eben auch Nachteile haben, wenn das Tier nicht so behandelt wird, wie es seinen natürlichen Bedürfnissen entspricht. Oft leben Tiere ja in Rudeln, also größeren Gruppen oder ihrer Familie. Würden wir diese Tiere allein zu Hause halten, würden sie schnell einsam und unglücklich werden.

In der freien Wildbahn haben Tiere den ganzen Tag so viel Bewegung, wie sie wollen und brauchen. Das kann natürlich kein Haus, keine Wohnung und erst recht kein Käfig bieten – deswegen ist es in diesem Fall besonders wichtig, jeden Tag für genügend Auslauf zu sorgen.

Ein weiterer sehr wichtiger Punkt ist das Futter. Haustiere sollten nur fressen, was sie auch in der Natur fressen würden. Denn nur weil ihr zum Beispiel Schoko-Eis liebt, heißt das nicht, dass euer Haustier das auch tut. Im Gegenteil: Die meisten Tiere vertragen nur wenige Nahrungsmittel und etwas anderes auf dem Speiseplan würde sie krank machen.

Wenn diese natürlichen Grundbedürfnisse des Haustiers so weit wie möglich erfüllt sind, spricht man von artgerechter Tierhaltung – und die steht bei uns in Deutschland sogar im Gesetz.

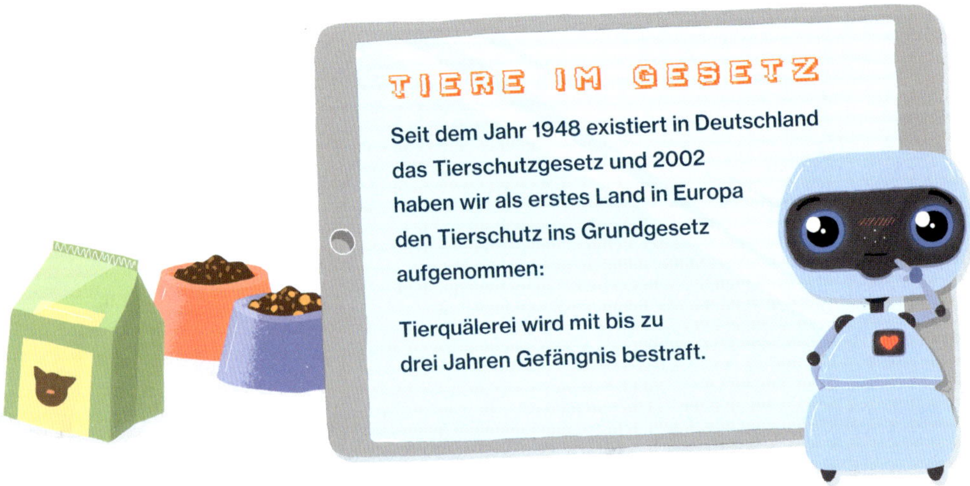

Wenn wir also unseren Lieblingen etwas Gutes tun wollen, sollten wir die Bedürfnisse unserer Haustiere genau kennen, sie respektieren und immer versuchen, so nah wie möglich an ihre natürlichen Lebensumstände heranzukommen.

Einer der wichtigsten Punkte bei artgerechter Tierhaltung kommt dabei sogar schon ins Spiel, wenn ihr noch gar kein Tier habt: indem ihr euch **VORHER** über die Tierart informiert, euch einige wichtige Fragen stellt und bei der Beantwortung ehrlich zu euch selbst seid.

TOBIS HAUSTIER-CHECKLISTE

Wie viel Geld habt ihr monatlich für das Tier?

Hat das Tier bei euch genug Platz?

Habt ihr trotz Schule und Hobbys genug Zeit, auch um regelmäßig das Katzenklo zu reinigen?

Ist euch klar, wie lange euer Tier lebt – und was das für eure (und seine) Zukunft bedeutet?

Ist euer Lieblingstier nacht- oder tagaktiv? Vielleicht macht es die ganze Nacht Rabatz, wenn ihr schlafen wollt …

Ein Haustier zu haben, bedeutet 'ne Menge Verantwortung und neben all dem Spaß auch jede Menge Arbeit. Also überlegt euch gut, ob ihr das leisten könnt und wollt!

Vielleicht denkt ihr jetzt, dass das alles doch irgendwie sonnenklar und selbstverständlich ist – aber täuscht euch nicht, ganz viele Menschen stellen sich diese Fragen vorher nämlich nicht! Leiden müssen darunter die Tiere. Denn die müssen es ausbaden, wenn der Besitzer oder die Besitzerin plötzlich keine Lust mehr auf sie haben.

Gerade in der Urlaubszeit werden wahnsinnig viele Tiere ausgesetzt – einfach, weil sie nicht in die Urlaubsplanung passen. Jedes Jahr ungefähr 70.000 bis 100.000! Nur in Deutschland! Krass, oder?

Dabei sind viele Haustiere in der freien Natur überhaupt nicht mehr überlebensfähig! Sie haben schlicht und ergreifend nie gelernt zu jagen oder wie man vor einem Feind flüchtet! Die letzte Rettung für diese armen Geschöpfe – wenn sie denn überhaupt gefunden werden – sind dann Tierheime.

Gerade in der Sommerferienzeit sind Tierheime oft überfüllt. Dabei gäbe es total sinnvolle Alternativen, wenn man mal in den Urlaub fährt und sein Tier nicht mitnehmen kann: Freunde, Verwandte oder Nachbarn können das Tier versorgen – oder ihr gebt es in ein Tier-Hotel. Das gibt es! Echt! Dort sind dann die Heimtiere bestens umsorgt, und wenn euer Urlaub vorbei ist, sind alle wieder glücklich und entspannt vereint.

Aber bevor wir jetzt zu viel darüber nachdenken, wie man ein Haustier loswird, kümmern wir uns doch lieber um die viel wichtigere Frage, wie und woher ihr überhaupt eines bekommt, oder?
Da gibt es nämlich auch verschiedene Möglichkeiten.

Welche das sind?
Das check ich für euch!

Checker FRAGE

Wie komme ich an ein Haustier?

Wenn ihr euch alles genau überlegt und ihr euch gemeinsam mit euren Eltern besprochen und für ein Tier entschieden habt, stellt sich natürlich die Frage, woher so ein Tier eigentlich kommt. Das ist deshalb so wichtig, weil die ersten Lebensmonate entscheiden, wie sich ein Tier später verhält. Und das kann man am besten herausfinden, wenn man sich anschaut, wie das Muttertier und ihr Nachwuchs eigentlich leben: Haben sie genug Platz? Ist alles sauber? Lebt das Tier mit seinen Geschwistern zusammen? Ist es schon an Menschen gewöhnt?

Sehr leicht kann man das zum Beispiel bei PRIVATLEUTEN herausfinden. Oft suchen sie liebevolle Besitzer für Jungtiere über Zeitungsanzeigen oder das Internet. Der Vorteil ist hier, dass ihr die Tiere nicht nur zu Hause besuchen könnt, sondern sie meist auch kein oder wenig Geld kosten. Die Gewissheit, dass ihr den Tieren ein liebevolles und artgerechtes Zuhause bieten könnt, reicht den meisten Menschen schon völlig aus.

Trotzdem wissen wir natürlich nicht mit hundertprozentiger Gewissheit, ob die Leute auch die Wahrheit sagen oder euch nicht vielleicht doch etwas vorspielen. Wer gibt schon freiwillig zu, dass er oder sie ein Tierquäler ist? Wer ganz sicher gehen will, kann daher auch zu Tierzüchtern gehen.

Gute TIERZÜCHTER erkennt man daran, dass sie nur wenige Tiere haben – weil die artgerechte Aufzucht von Tieren aufwändig ist und viel Zeit kostet. Sie wollen wissen, wo ihr Tier hinkommt und ob es gut versorgt ist. Dort könnt ihr auch mehrfach vorbeischauen, euer Wunschtier kennenlernen und euch langsam aneinander gewöhnen. Außerdem bekommen eure Eltern einen Kaufvertrag und nicht selten bereits einen Impfpass, in dem erste Impfungen schon eingetragen sind.

In ZOOHANDLUNGEN bekommst du Fische, aber auch kleinere Tiere wie Meerschweinchen, Kaninchen oder Vögel. Wie der Name schon sagt, sind das Kaufhäuser für Tiere, aber auch alles Mögliche, was ihr sonst so für die Tierhaltung benötigt. Das ist sehr einfach und praktisch – allerdings ist die Herkunft der Tiere oft unklar. Manchmal stammen sie nämlich aus großen Zuchtanlagen, wo sie unter zu wenig Platz, Schmutz oder zu wenig Nahrung leiden.

Ein Tier aus dem TIERHEIM zu holen, ist gerade bei Tierschützern und Tierschützerinnen besonders angesagt. Die Tierheime sind voll mit vielen tollen Tieren, die nur darauf warten, dass liebevolle Menschen sie zu sich nehmen und ihnen ein gutes Leben bieten. Die Mitarbeitenden im Tierheim kennen die Tiere und können euch einiges über sie und ihre Vorlieben berichten.

FRAGE gecheckt!

Natürlich gibt es dort neben den begehrten Tierbabys vor allem auch ältere Tiere, die vielleicht schlechte Erfahrungen mit Menschen gemacht haben – was euch mehr Mühe und Zeit kosten wird. Ihr müsst die Tiere schließlich erst überzeugen, dass es auch nette Menschen gibt und ihr es gut mit ihnen meint. Das kann auch anstrengend sein in der ersten Zeit.

Dafür ist es vielleicht irgendwann noch ein Stück schöner und befriedigender zu wissen, dass ihr einem traurigen Geschöpf neue Hoffnung und ein schönes Leben geschenkt habt.

Tierheime können euch übrigens auch helfen, wenn es mit dem eigenen Haustier nicht klappt, weil ihr vielleicht doch zu wenig Zeit habt, eure Vermieter keine Haustiere erlaubt oder jemand in eurer Familie eine Allergie hat. Meistens gibt es da nämlich die Möglichkeit, mit Tieren zu spielen, sie zu streicheln oder gemeinsam mit ihnen Gassi zu gehen. Allerdings muss währenddessen immer ein Erwachsener dabei sein, Kinder alleine dürfen das nicht. **Also, liebe Mamas oder Papas: hin da!**

Eine weitere tolle Möglichkeit für regelmäßigen Tierkontakt sind sogenannte Kinder- und Jugendfarmen. Das sind kleine Bauernhöfe in der Stadt, wo ihr eure Zeit manchmal mit Heimtieren, meist aber mit Nutztieren wie Eseln, Hühnern, Ziegen oder auch Pferden verbringen dürft.

Füttern, Stall ausmisten, ausreiten – ihr dürft überall mithelfen. Fast so, als wären es eure eigenen Tiere. Diese Jugendfarmen gibt es inzwischen in ganz vielen Städten. Vielleicht ja auch bei euch in der Nähe?

CHECKER TOBIS HAUSTIER-QUARTETT

Es gibt so viele coole Haustiere!
Manchmal möchte man sie am liebsten alle haben.

Das geht – mit Checker Tobis Haustier-Quartett! Einen Bastelbogen zum Ausschneiden findest du am Ende des Buches.

Viel Spaß!

HUNDE

Kommen wir als Erstes gleich mal zu einem ganz besonderen Haustier: dem besten Freund des Menschen. Zumindest wird der Hund öfter mal so bezeichnet. Und das hat seinen Grund, denn es gibt wohl kein Haustier, das seinen Besitzer so bedingungslos liebt wie ein Hund.

Hunde sind lebenslustige Spielgefährten, treue Beschützer und spüren sogar, wenn du Trost brauchst.

Dann genügt ein Blick in die treuen Hundeaugen und ein Streicheln übers weiche Fell – und schon geht es dir nachweislich besser. Der Hund ist einfach ein verlässlicher Partner in allen Lebenslagen und immer da, wenn du ihn brauchst.

Kann man mehr von einem Freund verlangen?

Obwohl der Hund als bester Freund des Menschen gilt, haben manche Menschen Angst vor Hunden. Entweder genügt schon der Anblick eines größeren Hundes, sie erschrecken sich vor dem lauten Bellen – oder sie haben schon einmal schlechte Erfahrungen mit einem Hund gemacht, zum Beispiel weil ein Hund nach ihnen geschnappt hat. Wenn so etwas passiert, liegt das aber meist nicht daran, dass der Hund böse oder streitsüchtig ist. Oft versteht ihr einander einfach nicht richtig.

Natürlich können Hunde nicht reden, aber sie haben durchaus eine eigene Sprache, mit der sie zeigen, wie es ihnen geht und was sie gerade wollen oder brauchen.

WIE HUNDE MIT IHREM KÖRPER SPRECHEN

Wenn das Gegenüber diese Zeichen völlig missachtet, macht das eben auch mal schlechte Laune … Außerdem hat ein Hund, wie jeder von uns auch, einen eigenen Charakter mit speziellen Vorlieben und Bedürfnissen. Und um die kennenzulernen braucht es, neben viel Geduld und Verständnis, vor allem auch ein bisschen Zeit.

Weil man aber selten Zeit hat, wenn man auf fremde Hunde trifft, gibt es ein paar einfache Grundregeln, wie es eigentlich mit jedem Hund klappen kann.

Welche das sind? Das check ich für euch!

Checker FRAGE

Wie verhalte ich mich bei fremden Hunden?

Wenn ihr einem Hund begegnet, solltet ihr ihn grundsätzlich zuerst einmal als eigenständiges Lebewesen respektieren – und somit einfach in Ruhe lassen. Tut einfach so, als wäre er nicht da, dann macht er wahrscheinlich nämlich dasselbe mit euch.

Wenn der Hund aber – was gut sein kann – so süß ist, dass ihr ihn unbedingt streicheln wollt, wendet euch zuerst an den Besitzer oder die Besitzerin und fragt, ob das okay ist. Die Herrchen und Frauchen kennen ihr Tier am besten und wissen, wie es gerade drauf ist.

Bevor ihr den Hund dann streichelt, solltet ihr ihm die Chance geben, euch ein wenig kennenzulernen. Das passiert über den Geruchssinn, denn Hunde haben eine unglaublich feine Nase. Lasst den Hund an eurer Hand riechen und selbst entscheiden, ob er gestreichelt werden möchte.

Wenn das der Fall ist, tätschelt ihn nicht von oben auf den Kopf, sondern nähert euch von der Seite. Hunde mögen es nicht, „von oben herab“ behandelt zu werden. Sie fühlen sich dann oftmals bedroht – obwohl ihr ihnen ja gar nichts Böses wollt.

Es ist wichtig, dass ihr dem Hund die Möglichkeit gebt, euch auszuweichen, falls er gerade keine Lust hat. Respektiert, wenn der Hund euch links liegen lässt, und geht nicht hinterher oder drängt ihn gar in eine Ecke. Dann fühlt er sich bedroht – und zwar zu Recht!

Normalerweise erkennen das auch die Hundeherrchen und -frauchen und schreiten vorher ein – aber so weit müsst ihr es ja gar nicht kommen lassen. Klar fühlt es sich vielleicht im ersten Moment nicht so cool an, wenn der Hund nix von euch wissen will. Aber hey – ihr wollt schließlich auch nicht immer, dass euch wildfremde Menschen plötzlich auf der Straße angrabbeln und durch die Haare wuscheln ...

Sehr selten gibt es auch den Fall, dass ihr auf herrenlose Hunde trefft, also Hunde, wo weit und breit nichts von einem dazugehörigen Menschen zu sehen ist. Dann solltet ihr Abstand halten, ruhig stehen bleiben und keine hektischen Bewegungen machen – selbst wenn ihr ein bisschen Angst habt. Auf keinen Fall solltet ihr panisch weglaufen, denn das weckt den Jagdinstinkt im Hund!

HUNDENASEN

Hunde besitzen etwa 100 Millionen Riechzellen und damit ein Vielfaches mehr als der Mensch. Ihr Geruchssinn ist so stark ausgeprägt, dass sie sogar riechen können, ob ein Mensch zum Beispiel Angst hat oder traurig ist.

Schaut dem Tier auch nicht direkt in die Augen, das könnte es als Bedrohung auffassen.

Die Lösung ist daher denkbar einfach: gar nicht angucken. Bleibt cool stehen und guckt in die Luft guckt – dann kann eigentlich nichts schiefgehen und der Hund läuft an euch achtlos vorbei. Denn im Grunde hat ja keiner Bock auf Stress – weder ihr, noch die Hunde.

Wenn ihr diese paar Ratschläge beherzigt, werdet ihr in Zukunft keine Probleme mit Hunden haben – und sie auch nicht mit euch.

FRAGE gecheckt!

WER PASST GUT IN EINE FAMILIE?

Golden Retriever

FAMILIENHUNDE

Einige Rassen sind besonders gut für Familien und Kinder geeignet, weil sie als verschmust, verspielt, nervenstark, folgsam oder wenig eifersüchtig gelten.

Zu den beliebtesten gehören Berner Sennenhund, Golden Retriever oder Labrador.

Labrador

Berner Sennenhund

Die Sprache des anderen zu kennen und sich gegenseitig zu verstehen, ist auf jeden Fall der wichtigste Schritt, um aus eurem Hund euren besten Freund zu machen. Aber lange nicht der einzige! Da kommen noch ein paar mehr.

Es sind nicht nur die Schritte beim Gassigehen, obwohl das gar nicht so wenig sind: Mindestens zweimal täglich solltet ihr ein bis zwei Stunden mit ihm laufen. Hunde brauchen nämlich viel Auslauf und Beschäftigung.

Hinzu kommt tägliches Füttern mit einer ausgewogenen Mischung aus frischem Fleisch oder sogenanntem Nassfutter, Trockenfutter und Wasser. Schließlich wollt ihr ja, dass sich euer Hund gut und gesund ernährt, oder?

Ein weiteres Grundbedürfnis eines Hundes ist hingegen nicht ganz so selbstverständlich: Hunde brauchen nämlich Führung. Sie sind Rudeltiere, was bedeutet, dass sie auch beim Menschen eine Bezugsperson brauchen, nach der sie sich richten.

In einer Familie ist der Hund immer der Letzte in der sogenannten Rangfolge und muss sich allen Familienmitgliedern unterordnen. Wäre auch irgendwie blöd, wenn der Rudelführer, sagen wir mal deine Mama, aus dem Haus geht und der Hund dann sofort der Chef sein will ...

Seine Stellung erkennt ein Hund aber nur dann einfach und problemlos an, wenn ihr in der Erziehung konsequent seid und dem Hund klar und deutlich seine Grenzen aufzeigt. Also ihn zum Beispiel nicht aufs Sofa lasst oder er erst Futter bekommt, wenn alle in der Familie gegessen haben. Kommandos und Verbote sollten auch immer als solche erkennbar sein: bestimmt und mit klarer, fester Stimme.

Gerade am Anfang muss das immer wieder trainiert und eingeübt werden, am besten schon im Welpenalter.

Wie man das macht?
Das check ich für euch!

Checker FRAGE

Wie trainiert man Hunde?

Diese Frage habe ich Pamina gestellt. Sie ist Filmtiertrainerin und hat schon viele verschiedene Tiere auf ihren Auftritt auf der großen Leinwand vorbereitet. Und ihrem Hund Chewbacca durfte ich beim Training sogar helfen! Er sollte nämlich lernen, auf einen Schauspieler, in dem Fall also mich, freudig zuzustürmen und an ihm hochzuspringen.

Ob es geklappt hat, seht ihr am Ende der Checker-Frage.

Pamina hat mir erklärt, dass Hunde – genau wie wir Menschen auch – beim Lernen Spaß haben müssen. Der Trick ist dabei: Sie werden immer belohnt, wenn sie was richtig machen. Entweder mit einem Spielzeug oder mit einem Leckerli.

Besonders gut klappt Hundetraining mit einem sogenannten Clicker. Das ist so ein kleines Ding, das einfach nur "klick" macht, wenn man draufdrückt.

Und das macht man, bevor es für den Hund die Belohnung gibt. Der Hund hört das Klicken und versteht irgendwann, dass es danach ein Leckerli gibt. Mit so einem Clicker lernt der Hund schnell, was von ihm gefordert wird: Er macht etwas, hört das Signal und wird belohnt. So lernt er spielerisch neue Kommandos. Irgendwann macht er, was von ihm verlangt wird, auch ohne die Belohnung.

Dieses Training nennt man in der Fachsprache „Konditionierung" und es wird auf verschiedene Arten eigentlich bei jedem Tiertraining eingesetzt.

Neben einem Clicker gibt es aber noch weitere Hilfsmittel, um seinem Vierbeiner etwas beizubringen: Mit einer Hundepfeife gibst du zum Beispiel ein sehr klares Signal, das der Hund in jeder Situation schnell wiedererkennen kann.

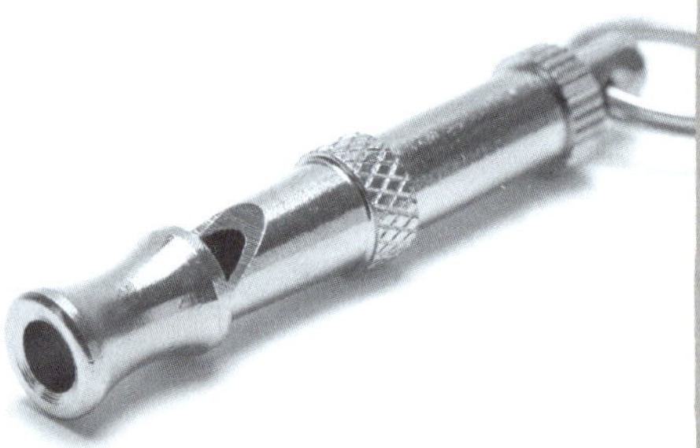

HUNDEPFEIFEN

Hundepfeifen gibt es auch als Ultraschallpfeife. Das ist ein Modell, bei dem der Mensch den Ton nicht mehr hören kann, der Hund aber schon. So wird niemand in der Umgebung gestört.

Grundsätzlich kann so ein Hundetraining jeder Mensch machen, den der Hund als Führung akzeptiert. Hauptsache, der Trainer oder die Trainerin hat Freude dabei, ist motiviert und überfordert den Hund nicht. Das geht zu Hause, auf der grünen Wiese, auf einem Hundeübungsplatz oder ihr nehmt euch ein wenig Hilfe und übt zusammen in der Hundeschule mit einem Lehrer oder einer Lehrerin wie Pamina.

Was glaubt ihr – hat sich unser kurzes Training gelohnt und Chewbacca ist freudig an mir hochgesprungen, obwohl ich ein völlig Fremder war?

FRAGE gecheckt!

Klar! Chewbacca ist schließlich Profi – und ich der geborene Hundetrainer! Na gut, okay – bin ich nicht. Es ging nur mithilfe eines kleinen Tricks. Soll ich ihn euch verraten? Ich hatte sein Lieblingsspielzeug auf meiner Schulter unterm Pulli versteckt. Echtes Training dauert eben ein bisschen.

Wenn ihr euren Hund trainiert, werdet ihr schnell feststellen, wie intelligent Hunde sind und wie viel Spaß es macht, ihnen Tricks beizubringen. Sie können versteckte Dinge finden, Pfötchen geben, sich tot stellen und, und, und. Sie verstehen sogar Wörter und können sich bis zu 200 Begriffe merken!

Doch ihre Intelligenz endet nicht damit, Kommandos auswendig zu können – Hunde können richtige Berufe erlernen und wichtige Partner sein, zum Beispiel für Menschen mit körperlicher Beeinträchtigung.

Bereits in der Antike, also vor über 2.500 Jahren, wurden Hunde als Begleiter für blinde Menschen eingesetzt. Die richtige Ausbildung als „Blindenhund“ begann allerdings erst viel später, vor ungefähr 120 Jahren.

Aber auch für Menschen im Rollstuhl können Hunde eine echte Bereicherung sein: zum Beispiel, indem sie Gegenstände aufheben oder mithilfe angebrachter Schlaufen Türklinken benutzen.

Sogar Ärzte lassen sich manchmal von Hunden unterstützen: In einer sogenannten „tiergestützten Therapie“ helfen sie Patienten dabei, große Ängste zu überwinden, Sprachstörungen zu heilen oder Stress abzubauen. Sie kommen auch in Altenheimen zum Einsatz, um durch ihre Lebendigkeit und Liebe einsamen älteren Menschen Lebensfreude und Gesundheit zu bringen: Wer einen Hund hat, ist weniger einsam, bewegt sich mehr und lebt gesünder.

Darüber hinaus finden sich Hunde natürlich auch als Helfer in allen möglichen Berufen wieder: als Polizeihund, als Spürhund oder auch als Rettungshund, der bei Unglücken wie Lawinen eingesetzt wird.

Ganz schön krass eigentlich, was für eine wichtige Rolle Hunde für uns Menschen spielen, oder? Sie können euch durch ihr freundliches Wesen sogar helfen, gute Noten zu schreiben und besser in der Schule klarzukommen!

Wie das geht?
Das check ich für euch!

Checker FRAGE

Was sind Schulhunde?

Ein Schulhund wohnt nicht etwa in der Schule, sondern ist ein ganz normales Haustier – meistens gehört er einem Lehrer oder einer Lehrerin, die ihn aber regelmäßig in den Unterricht mitnehmen.

Und das hat ganz viele Vorteile für die Kinder!

Mit einem Schulhund lernen Kinder so ganz nebenbei den Umgang mit den Vierbeinern und verlieren ihre Angst vor Hunden. Außerdem hat so ein Hund im Klassenzimmer noch viel mehr erstaunliche Auswirkungen, die sogar wissenschaftlich geprüft und bewiesen sind!

Zum einen hat ein Hund keine Erwartungen: Er kennt keine Vorurteile und ist gerade Kindern gegenüber oft eher freundlich gesinnt. Dadurch sorgt er bei Kindern für Aufmerksamkeit, Nähe, Sicherheit und Geborgenheit. Ihr fühlt euch plötzlich viel wohler in eurer Haut – einfach nur so. Weil der Hund da ist!

Aufgrund ihrer Natur als Teil eines Rudels erkennen Schulhunde oft die Außenseiter einer Klasse und wenden sich ihnen ganz besonders zu. Durch diese neue Art der Freundschaft gewinnen Außenseiter neues Selbstvertrauen und nicht selten werden sie auch wieder mehr akzeptiert und in die Gemeinschaft aufgenommen. Ein Hund sorgt also dafür, dass weniger gehänselt und gemobbt wird.

Außerdem haben wissenschaftliche Tests ergeben, dass ihr durch die Anwesenheit eines Schulhunds bei schwierigen Aufgaben weniger gestresst seid – was zu besseren Ergebnissen führt.

Denn wer ab und zu einen Hund streichelt und seine Zuneigung spürt, bekommt vom eigenen Körper eine Belohnung: Das sogenannte „Kuschelhormon“ Oxytocin wird ausgeschüttet und sorgt bei euch für Entspannung und Glücksgefühle. Und wer entspannt und glücklich ist, hat weniger Stress. Und wer weniger gestresst ist, kann sich besser konzentrieren und schreibt bessere Noten! Cool, oder?

Als Schulhunde eignen sich besonders ruhige und sehr gut erzogene Hunde. Die Rasse spielt dabei keine Rolle, es kommt nur auf das Wesen des Tieres an. Im Prinzip könnte also jeder Hund ein Schulhund werden – wenn er die entsprechende Ausbildung geschafft hat.

FRAGE gecheckt!

Auch ein Schulhund muss also in der Schule lernen – und zwar genau wie ihr schon von klein auf.

Ihr seht also, wie cool so ein Hund eigentlich ist – meiner Meinung nach trägt er den Beinamen „bester Freund des Menschen“ völlig zu Recht. Und wer das anders sieht, für den gibt’s ja noch andere Tiere, zum Beispiel das beliebteste Haustier Deutschlands.

Welches das ist, erfahrt ihr im nächsten Kapitel.

DER HUNDE-CHECK

WER BIN ICH?

- Treuer Freund, lebenslustiger Spielgefährte

WAS KANN ICH?

- Deine Fitness und dein Immunsystem fördern: mit mir kommst du ganz oft an die frische Luft
- Dafür sorgen, dass du mit anderen Menschen in Kontakt kommst, denn auf mich wirst du immer angesprochen werden
- Gute Laune verbreiten
- Auf deine Gefühle reagieren, denn ich rieche, ob du z. B. Trost brauchst
- Kunststücke lernen, wenn du mich richtig trainierst
- Bei dir für Entspannung sorgen

WAS MUSST DU BEACHTEN?

- Ich brauche viel Zuwendung, gutes Futter und Auslauf (täglich zweimal 1-2 Stunden)
- Bitte lerne meine Sprache, damit keine Missverständnisse zwischen uns entstehen.
- Ich brauche Grenzen: Du musst konsequent mit mir sein und mir klar sagen, was ich darf und was nicht.

SUCH, SCHNUFFI! SUCH!

Hunde haben ja einen wahnsinnig guten Geruchssinn und können megaschnell Sachen finden.

Wie steht's mit euch? Habt ihr auch eine gute Spürnase?

- Welcher Hund hat einen Stern am Halsband?
- Wie viele Bälle findet ihr?
- Welche Hunde haben die Augen offen??

KATZEN

Sie schleichen lautlos auf samtweichen Pfoten, schmiegen sich keck um dein Bein. Dann ein eleganter Schwung mit dem Katzenschwanz, ein leichtfüßiger Sprung – und schon haben sie sich auf deinem Schoß breitgemacht, schnurren wohlig und fordern Streicheleinheiten ein.

Allerdings nur, um Sekunden danach ihre Krallen auszufahren oder aufzuspringen und dich stundenlang nicht mehr zu beachten. Ja, Katzen haben ihren eigenen Kopf, der für uns nicht immer leicht zu durchschauen ist. Trotzdem – oder gerade deshalb – sind die Menschen seit langer Zeit fasziniert von diesen Tieren.

Schon vor 12.000 Jahren wurden sie vom Menschen als Haustier gehalten und womöglich im alten Ägypten auch ebenso lange schon domestiziert. Zu dieser Zeit war dort Getreide sehr kostbar – und Katzen boten einen wirksamen Schutz vor Mäusen und Ratten, die es auf die Vorräte abgesehen hatten.

Bald waren die Ägypter aber geradezu vernarrt in die Eleganz und Schönheit der Katzen. Das ging so weit, dass die Katze irgendwann als Gottheit verehrt wurde! Die ägyptische Göttin für Liebe und Fruchtbarkeit hieß Bastet – und wurde mit einem Katzenkopf dargestellt.

Ihr Tempel stand in der Stadt Bubastis. Dort wurden unendlich viele mumifizierte Katzen gefunden, die in heiligen Grabkammern beigesetzt wurden. Es gab sogar Katzenpriester, die sich mit Heilungszaubern um verletzte Tiere kümmerten – Katzen waren also eeeecht wichtig für die alten Ägypter.

Ganz anders sah es einige Zeit später im Mittelalter aus: Zu dieser Zeit wurden Katzen verfolgt und sogar getötet! Die Menschen waren damals sehr abergläubisch und dachten, dass Katzen mit bösen Mächten und Hexen gemeinsame Sache machen würden. Besonders auf schwarze Katzen hatte man es abgesehen. Manche hielten sie sogar für den Teufel höchstpersönlich!

Das war natürlich totaler Quatsch – trotzdem zeigt es, dass Katzen schon immer etwas Geheimnisvolles umgab, was sich in großer Verehrung bis abergläubischer Ablehnung ausdrückte. Und das hat sich bis heute nicht geändert. Sogar die moderne Wissenschaft kann sich zum Beispiel nicht erklären, wie Katzen dieses besondere Geräusch zustande bringen, das wir Menschen so lieben: das Schnurren.

Durchschnittlich schnurren Katzen knapp 11.000 Stunden in ihrem Leben. Seit Jahrzehnten versucht man diesem Geräusch, das in der Natur ausnahmslos von Katzen zu hören ist, auf die Spur zu kommen. Viel wurde seitdem geforscht, noch mehr Theorien wurden aufgestellt – aber bis heute ist sich die Forschung nicht einig, wie Luchs, Puma oder Hauskatze das Geräusch erzeugen.

Klar ist nur, dass es sich dabei um ein Geräusch handelt, das durchgängig beim Ein- und Ausatmen entsteht. Immerhin hat man aber herausgefunden, dass Katzen nicht, wie lange angenommen, nur schnurren, wenn sie sich wohlfühlen.

Wann sie das sonst noch tun?
Das check ich für euch!

Warum schnurren Katzen?

Dass eine Katze schnurrt, wenn sie sich wohlfühlt, merkt ihr spätestens, wenn sie sich entspannt irgendwo hinfläzt und dann idealerweise noch gestreichelt wird. Es dauert nicht lange und sie brummt wie ein kleiner Motor vor sich hin.

Doch inzwischen weiß man, dass es auch in einigen anderen Situationen ertönt: Während der Geburt schnurren zum Beispiel die Katzenmamas, um ihre Schmerzen zu lindern oder um im Anschluss ihre noch blinden und tauben Babys zu ihren Zitzen zu lotsen.

Die kleinen Kätzchen selbst wiederum können nicht von Geburt an schnurren, sondern müssen erst lernen, wie die Großen zu klingen. Wenn sie es dann aber können, wollen sie so ihre Geschwister zum Spielen auffordern.

HEILENDE WIRKUNG

Durch Schnurren setzt eine Katze ihren gesamten Körper in Vibration. Diese Schwingungen regen die Muskulatur an und unterstützen damit das Knochenwachstum. Diesen Effekt macht sich inzwischen auch die menschliche Medizin zunutze: Durch die sogenannte Vibrations-Therapie wird bei verschiedenen Krankheiten der Heilungsprozess beschleunigt.

Geschnurrt wird aber auch bei Stress oder Angst. Dadurch zeigen Katzen anderen Artgenossen, dass sie sich entspannen können oder sorgen sogar bei sich selbst für Beruhigung. Zum Beispiel, wenn sie Schiss haben, weil ein Feind in der Nähe lauert.

So unterschiedlich die Situationen also sein mögen, alle haben irgendwie mit Entspannung oder Wohlbefinden zu tun – weswegen auch klar wird, warum sie nie schnurren, wenn sie angriffslustig und kampfbereit sind. Denn Wissenschaftler haben inzwischen bewiesen, dass beim Schnurren der Katzenkörper einen speziellen Stoff, das Glückshormon Serotonin, freisetzt. Und das sorgt bei der Katze für wohlige Entspannung.

FRAGE gecheckt!

Das Beste dabei ist allerdings, Leute: Wenn wir Menschen das Schnurren hören, passiert bei uns genau dasselbe! Auch unser Körper schüttet Serotonin aus und wir fühlen uns augenblicklich zufriedener und geborgener. Cool, oder?

Kein Wunder also, dass Katzen heutzutage beliebter sind denn je. Angebetet wie bei den Ägyptern werden sie zwar nicht, dafür aber angeklickt. Im Internet gibt es allein bei Youtube zwei Millionen Katzenvideos, die schon über zwei Milliarden Mal angeschaut wurden. Krass, oder? Hauskatzen sind also echte Internet-Stars!

Eine der ersten und berühmtesten ist die inzwischen verstorbene „Grumpy Cat“, die im Laufe der Jahre Millionen Menschen nur durch ihr mürrisches Aussehen zum Lachen gebracht hat.

Und Gelegenheiten, um lustige Katzenvideos zu filmen, gibt es mehr als genug: Allein in Deutschland leben ungefähr 16 Millionen Hauskatzen. Damit rangiert die Katze noch vor dem Hund mit deutlicher Mehrheit auf Platz eins der beliebtesten Haustiere.

Wer eine Katze hat, kann sich an einem relativ pflegeleichten Haustier mit sanftem Wesen freuen, das sehr verspielt und verschmust sein kann – wenn es gerade Lust dazu hat. Denn gleichzeitig gelten Katzen auch als sehr eigensinnig und dickköpfig. Falls ihr sie im falschen Moment auf eurem Schoß halten wollt, könnt ihr schon mal ihre scharfen Krallen spüren …

WAS WILL UNS DIE KATZE MIT IHREM SCHWANZ SAGEN?

Der Schwanz ist für Katzen ein wichtiges Kommunikationsmittel. Erratet ihr, was die Katze sagt?

LÖSUNG: a)ich bin aufgeregt, b) tu mir nichts! c) ich bin wütend! d) ich bin alarmbereit

Im Gegensatz zum Hund könnt ihr Katzen nicht wirklich erziehen, sie nehmen euch nicht als Chef oder Ähnliches wahr, dem sie gehorchen müssen. Die Verhaltensforschung hat sogar herausgefunden, dass Katzen sich unter Menschen genauso verhalten, wie wenn sie unter Katzen wären. Vielleicht denken sie ja von euch, dass ihr große, tollpatschige Artgenossen seid?

Darüber hinaus ist eine Katze ein echtes Gewohnheitstier und sehr sensibel. Veränderungen können sie aus dem inneren Gleichgewicht bringen: eine neue Wohnung, eine neue Person im Umfeld, beispielsweise wenn ihr im Urlaub seid, oder auch nur ein neues Möbelstück. Und wenn eine Katze gestresst ist, kann es gut sein, dass sie irgendwo hinpinkelt. Was echt nervig sein kann, weil Katzenpipi Flecken verursacht und fies stinkt. Dann bringt es aber nichts, wütend auf das Tier zu sein, sondern ihr müsst euch fragen, was der Stubentiger euch sagen will.

Im Gegenzug belohnen euch Katzen aber auch ständig mit ihren katzeneigenen spektakulären Eigenschaften: Zum Beispiel sind sie echte Gleichgewichtskünstler! Sie spazieren auch auf den schmalsten Stegen herum, als ob es das Normalste der Welt wäre. Das können sie dank ihrer Schnurrhaare, vor allem aber auch dank ihres Schwanzes, den sie als eine Art Balancierstange verwenden.

Mithilfe ihres Schwanzes können sie sogar mitten im Sprung die Richtung korrigieren! Und springen tun Katzen nicht nur oft, sondern auch verdammt hoch: aus dem Stand ungefähr die fünf- bis sechsfache Körpergröße! Das sind bei einer durchschnittlich großen Hauskatze also ungefähr zwei Meter!

Nur sehr selten verschätzen sich Katzen dabei und verfehlen dann ein Ziel oder stürzen ab. Verletzen tun sie sich dabei aber eigentlich fast nie!

Woran das liegt? Das check ich für euch!

Checker FRAGE

Landen Katzen immer auf ihren Pfoten?

Katzen sind von Natur aus sehr sportlich und beweglich, denn sie haben eine sehr flexible Wirbelsäule und mit ihren elastischen Knochen, Sehnen und Bändern können sie Stürze gut abfangen.

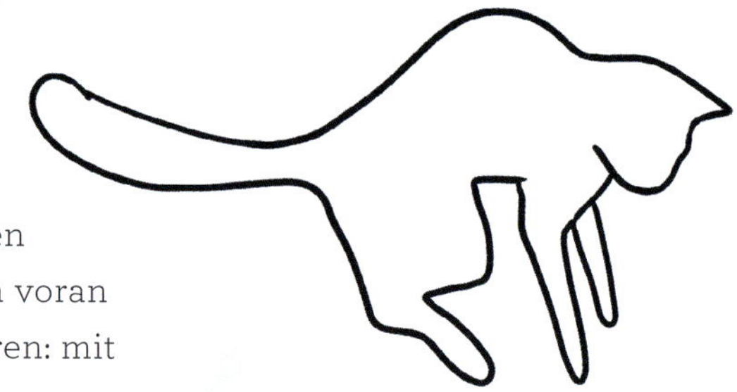

Außerdem haben sie auch ein sehr gut entwickeltes Gleichgewichtsorgan im Innenohr. Dank diesem spüren sie sofort, wenn sie mit dem Kopf oder dem Rücken voran nach unten fallen – und können blitzschnell reagieren: mit dem sogenannten Drehreflex. Selbst wenige Wochen alte Katzenbabys beherrschen das bereits.

Dabei wendet eine Katze zuerst Kopf und Oberkörper, anschließend das Hinterteil mithilfe von Schwanz und Pfoten. Im Landeanflug macht sie dann noch einen Buckel, um den Aufschlag abfedern zu können und – ping – wie von Geisterhand landet die Katze unversehrt auf ihren vier Pfoten!

Für so ein Manöver in der Luft braucht eine Katze gerade mal eine knappe Sekunde. Oder anders ausgedrückt: bei einem Sturz von mehr als einem Meter Höhe landet die Katze immer auf ihren Pfoten.

Anders sieht es dagegen bei Stürzen aus geringen Höhen aus, denn dann hat die Katze ja nicht mehr genügend Zeit sich zu drehen, und kann sich wirklich schwer verletzen. Dasselbe gilt für sehr hohe Höhen: Wenn eine Katze vom Dach eines Hochhauses springt, ist die Chance eher winzig, dass sie unten unbeschadet wegspaziert – selbst wenn sie auf den Pfoten landet.

FRAGE gecheckt!

Falls ihr also in größerer Höhe lebt, sichert den Balkon lieber mit einem Netz, damit nichts passieren kann.

Neben einem regelmäßig gereinigten Katzenklo braucht ihr für euren Liebling zu Hause auch unbedingt Kratz- und Kletterbäume. Dort können Katzen herumturnen, klettern und vor allem ihre ständig wachsenden Krallen wetzen – ein wichtiges natürliches Verhalten der Tiere. Dennoch lässt es sich kaum vermeiden, dass eure Möbel ein paar Kratzer abbekommen.

Damit müsst ihr also rechnen, wenn ihr eine Katze in eure Familie aufnehmen wollt.

Weil Katzen darüber hinaus einen ausgeprägten Spieltrieb haben, brauchen sie auch jede Menge Spielzeug – zumindest, wenn sie nicht ständig mit Mamas Wolle oder euren Schnürsenkeln kämpfen sollen.

Katzen können sich zwar im Gegensatz zum Hund ganz gut allein beschäftigen, dennoch sind sie dankbar für einen Spielpartner – der übrigens auch eine zweite Katze sein kann. Es ist nämlich ein Irrglaube, dass Katzen Einzelgänger sind. Allerdings sind sie wählerisch: Dass sich eine Katze mit einer anderen gut versteht, ist nicht selbstverständlich. Irgendwie auch normal – wir mögen manche Menschen ja auch mehr als andere.

Einfacher wird die ganze Sache, wenn ihr eure Katze als Freigänger haltet. Dank einer sogenannten Katzenklappe hat eure Katze dann eine eigene Haustür, kann kommen und gehen, wann sie will, und verbringt ansonsten die Zeit in der freien Natur.

Dadurch hat sie genügend Auslauf, kann ihren Jagdtrieb ausleben, sich selbst Nahrung suchen und braucht weniger Futter als eine Wohnungskatze.

Allerdings kann es euch dann zuweilen passieren, dass ihr eine tote Maus auf dem Fußabtreter findet.

Warum?
Das check ich für euch!

KATZENFUTTER

Eine ausgewachsene Hauskatze braucht täglich ungefähr 300 Gramm Nassfutter oder eine entsprechende Menge Trockenfutter. Entscheidend ist dabei der Nährstoffgehalt: Je besser das Futter, desto weniger braucht die Katze, um satt und zufrieden zu sein. Bitte füttert eure Katze niemals mit Milch! Die darin enthaltene Laktose verursacht bei ihr Durchfall.

Checker FRAGE?

Warum legen Katzen manchmal Mäuse vor die Tür?

Neben ihrem ausgezeichneten Gehör und dem ausgeprägten Gleichgewichtssinn haben Katzen auch einen hervorragenden Sehsinn. Damit sie bei starker Helligkeit nicht geblendet werden, zieht sich die Pupille zu einem schmalen Schlitz zusammen. Je dunkler es aber wird, desto weiter öffnen sich die Pupillen, bis sie bei Nacht kreisrund sind.

So kann eine Katze auch noch den kleinsten Lichteinfall nutzen und auch bei miesen Lichtverhältnissen echt gut sehen. Und weil sie auf ihren Samtpfoten geradezu lautlos unterwegs ist, gilt die Katze als ausgezeichnete Jägerin, die sich fast unbemerkt an ihre Beute heranschleichen kann. Ganz schlechte Zeiten also für Mäuse, Ratten oder Vögel – ihre bevorzugten Opfer und eigentliche Nahrung.

KATZENGRAS

Spezielles Katzengras säubert den Magen und wirkt wie ein Brechmittel: Die vielen Haare, die durch die tägliche Fellpflege in den Magen gelangen, können auf diese Weise herausgewürgt werden.

Nicht selten kommt es dabei vor, dass die Katze von ihrem Beutezug mit einer toten Maus zurückkommt – die sie dann vor dem Haus ablegt.

Klingt erstmal eklig, aber wenn euch das passiert, solltet ihr euch auf jeden Fall freuen! Denn es ist ein Geschenk für euch! Damit zeigt die Katze, dass sie Vertrauen zu euch hat und gerne zu euch zurückkommt. Von der Tierleiche und den Gedärmen und so abgesehen also eigentlich voll schön!

Ein echter Liebesbeweis!

Katzen sind übrigens nachtaktiv und gehen daher am liebsten bei Dunkelheit auf die Jagd. Das solltet ihr bedenken, wenn ihr eine Katze habt. Es kann schon passieren, dass sie nachts neben eurem Bett einen Kampf auf Leben und Tod mit einem Wollknäuel austrägt und naturgemäß wenig Rücksicht darauf nimmt, dass ihr am nächsten Tag früh rausmüsst.

Wenn ihr aber dann aus der Schule heimkommt, könnt ihr sicher sein, dass euch schon sehnsüchtig ein verspielter und verschmuster Begleiter erwartet, der euch mit einem ganz eigenen Charakter und erstaunlichen Fähigkeiten erfreuen wird. Vielleicht kommt ihr ja dann eines Tages sogar hinter das Geheimnis ihres Schnurrens.

DER KATZEN-CHECK

WER BIN ICH?

- Verschmuste Mitbewohnerin mit eigenem Kopf

WAS KANN ICH?

- Mich herrlich entspannen – und damit auch dich
- Schnurren. Wie, das bleibt allein mein Geheimnis.
- Aus dem Stand zwei Meter hoch springen
- Ich komme immer auf allen Vieren auf – außer, die Höhe ist zu gering. Dann kann es für mich gefährlich werden.
- Ausgiebig mit dir kuscheln (wenn mir gerade danach ist)
- Spielen

WAS MUSST DU BEACHTEN?

- Ich mag keine Veränderungen. Wenn du in den Urlaub fährst oder Möbel umgestellt werden, stresst mich das.
- Lass mich nicht zu viel allein. Oder noch besser, gib mir einen Spielkameraden. (ob ich ihn oder sie dann auch gut leiden kann, ist eine andere Sache …)
- Bitte lerne meine Sprache, damit keine Missverständnisse zwischen uns entstehen.
- Wenn ich dir eine tote Maus schenke, ist das ein Liebesbeweis!

ARMER SCHWARZER KATER

DU BRAUCHST:

Nichts – außer ein paar Mitspielern

UND SO GEHT'S:

Alle Spielenden sitzen im Kreis, ein Spieler oder eine Spielerin übernimmt dabei die Rolle des armen schwarzen Katers. Dieser traurige Kater krabbelt jetzt auf allen vieren zu seinen Mitspielenden, um sich mit den Worten „armer schwarzer Kater" streicheln und trösten zu lassen.

Währenddessen muss der Kater versuchen, jemanden zum Lachen zu bringen. Dabei ist Fantasie gefragt: laut miauen, fauchen, einen Buckel machen, plötzlich die Füße schnappen – alles ist erlaubt.

Wer zuerst lacht, ist jetzt der neue Kater, der sein Glück versuchen muss …

Viel Spaß!

KANINCHEN UND NAGETIERE

Beim Anblick dieser Tiere gerät selbst der größte Griesgram in Verzückung: Kaninchen, Hamster, Meerschweinchen – und was sonst alles noch klein ist, goldige Knopfaugen und kuschelig-weiches Fell hat.

Sind sie nicht süß?
So richtig zum Kuscheln, Knuddeln und Liebhaben!

Das Blöde ist nur: Die haben da von Natur aus überhaupt keine Lust drauf! Die meisten Nagetiere, Kaninchen und auch Hasen sind Fluchttiere, die panische Angst haben und deshalb sofort Reißaus nehmen, wenn Gefahr droht. Und ein Mensch, der um ein Vielfaches größer ist als das Tier, ist eben erst einmal eine Gefahr, insbesondere dann, wenn er fremd ist.

Bei Kaninchen ist es sogar besonders krass – anstatt zu flüchten, werden sie manchmal buchstäblich starr vor Angst. Und das aus gutem Grund: In der Natur reagieren viele Fressfeinde nur auf Bewegungen – weswegen die starren Kaninchen schlichtweg übersehen werden. Leider kann es dabei manchmal passieren, dass die nervösen Tiere vor lauter Angst einen Herzinfarkt kriegen und tot umfallen!

Daher sollten gerade Kaninchen in der ersten Zeit nur in Ausnahmefällen angehoben werden, zum Beispiel wenn ihr mit dem Tier zum Tierarzt müsst.

Denn in der Natur verlieren sie nur den Boden unter den Füßen, wenn sie erbeutet werden. Das nennt man den Greifvogeleffekt. Fehlender Boden unter den Füßen ist also grundsätzlich immer mit Todesangst verbunden!

Nur mit sehr viel Liebe, Mühe, Geduld und Einfühlungsvermögen gelingt es, sie so an euch zu gewöhnen, dass ihr sie hochnehmen und streicheln könnt.

Lange Zeit wurden Kaninchen übrigens zur Ordnung der Nagetiere, wissenschaftlich „Rodentia", gezählt. Erst mithilfe moderner Genanalysen kapierte man, dass sich die Wege von Kaninchen und Nagetieren bereits vor 70 Millionen Jahren trennten – und sich die Tiere seitdem ganz unterschiedlich entwickelt haben.

Wo darfst du mich berühren?

Seitdem man das erkannt hat, gehören Kaninchen offiziell zur Gruppe der „Hasenartigen“, in der Fachsprache „Lagomorpha“ genannt. Vielleicht denkt ihr euch jetzt: Lange Ohren, genannt Löffel, kuscheliges Fell, mümmeln mit Vorliebe an frischem Gemüse – war doch klar, dass die beiden zu einer Familie zählen! Aber ganz so einfach ist es nicht, denn Hasen und Kaninchen unterscheidet doch einiges.

Was genau?
Das check ich für euch!

EXTRA ZÄHNE

Der wichtigste Unterschied zwischen Kaninchen und Hasen ist ein kleines Paar Zähne hinter den großen Schneidezähnen. Die sogenannten Stiftzähnchen sind das Hauptmerkmal der Hasentiere. Weder Kaninchen noch eine andere Tiergruppe besitzen so etwas.

Stiftzähnchen

Checker FRAGE?

Was ist der Unterschied zwischen Hase und Kaninchen?

Die Unterschiede fangen schon beim Aussehen an, denn Kaninchen sind viel kleiner als ihre wilden Verwandten. Während Feldhasen um die fünf Kilogramm wiegen, sind es bei Wildkaninchen gerade mal zwei Kilogramm. Und die als Heimtiere beliebten Zwergkaninchen wiegen im Schnitt gerade mal ein Kilogramm.

Entsprechend haben Hasen auch wesentlich größere Ohren und Füße als Kaninchen. Auch ihre Hinterbeine, genannt Hinterläufe, sind im Vergleich zu denen des Kaninchens sehr lang und viel stärker. Damit sind Hasen deutlich schneller unterwegs als ihre Artgenossen. Wenn sie fliehen müssen, ergeben sich dadurch auch andere Fluchtorte: Während Hasen die Mulden im freien Feld bevorzugen, verkriechen sich Kaninchen lieber in Erdlöchern.

Überhaupt unterscheiden sich Hase und Kaninchen im Verhalten. Feldhasen sind Einzelgänger, suchen nur zur Paarungszeit Kontakt zu anderen Hasen und genießen ansonsten ihr Alleinsein. Kaninchen hingegen leben im unterirdischen Kaninchenbau in einer größeren Gruppe zusammen, die meistens aus einem Männchen, dem Rammler oder Bock, mehreren Weibchen (Zibben) und den Jungtieren besteht. Das ist übrigens auch der Grund, warum ihr Kaninchen nie allein halten dürft, sondern immer mindestens zu zweit – sonst vereinsamen sie, werden krank und unglücklich.

FRAGE gecheckt!

Ganz im Gegensatz natürlich zum Feldhasen. Er hat mit familiärer Geborgenheit nicht viel am Hut, denn Hasen werden als Nestflüchter geboren. Das heißt, dass sie voll behaart und mit offenen Augen zur Welt kommen, sozusagen schon voll ausgestattet.

Kaninchen brauchen dafür ein wenig länger: Sie sind bei der Geburt nackt und blind, sogenannte Nesthocker. Ungefähr drei bis vier Wochen lang bleiben sie gut beschützt zu Hause im Nest, bis sie die Außenwelt erkunden dürfen.

Die Vorliebe für weit verzweigte Tunnelsysteme ist übrigens auch der Grund, warum ihr Kaninchen am besten draußen im Garten halten solltet. Auf jeden Fall müsst ihr für ausreichend Auslauf sorgen und ihnen durch eine sogenannte Buddelkiste einen „Spielplatz" zur Verfügung stellen.

Guckt mal, so groß sollte ein Kaninchengehege sein, damit es einer artgerechten Haltung entspricht. Ganz schön groß, oder? Wenn man Kaninchen langsam an ihre Umgebung gewöhnt hat, kann man sie darin sogar das ganze Jahr über draußen halten.

Wenn die Kaninchen genug Platz haben, fühlen sie sich wohl.

Da hat man es mit Nagetieren wie Meerschweinchen oder Hamstern schon etwas einfacher. Die brauchen bedeutend weniger Platz – dafür solltet ihr die Käfige regelmäßig mit spannenden Hindernissen oder neuen Einrichtungsgegenständen bestücken, damit sich die Tiere nicht langweilen. Ist letztlich wie bei euch selbst auch: immer dasselbe Spiel ist doof. Wenn ihr das beachtet, lassen sich Nagetiere aber sehr gut in der Wohnung halten.

Und welche sind die beliebtesten?
Das check ich für euch!

Checker FRAGE?

Was sind die beliebtesten Nagetiere?

Auf Platz eins ist in Deutschland das MEERSCHWEINCHEN. Seine Lebensfreude, Neugier und sein lustiges Verhalten sind ja auch total cool. Meerschweinchen sind gesellige Tiere, weswegen sie immer mindestens zu zweit gehalten werden sollten. Sie sind tagaktiv, rauben euch also nachts nicht den Schlaf, sondern haben ungefähr denselben Rhythmus wie ihr. Meerschweinchen erreichen ein Alter von sechs bis acht Jahren und im Schnitt kostet ihr Unterhalt rund 400 Euro im Jahr.

Neben den süßen Meerschweinchen stehen vor allem auch HAMSTER hoch im Kurs. Im Gegensatz zu seinen Artgenossen ist der Hamster ein Einzelgänger und genügt sich selbst. Die süßen Tierchen sind sehr klein und zerbrechlich – und sehen einfach putzig aus, wenn sie durch den Käfig wuseln, graben und klettern.

Wie die meisten Nager ist auch der Hamster nachtaktiv. Das heißt, er schläft tagsüber und macht dafür nachts so richtig Rabatz. In einem Hamsterrad zum Beispiel schafft das kleine Kerlchen in einer Nacht bis zu 30.000 Umdrehungen – was umgerechnet etwa 20 bis 30 Kilometer sind!

Ganz schön krass, oder?

Ebenfalls sehr beliebte und pflegeleichte Haustiere sind RATTEN. Ganz im Gegensatz zum Vorurteil, dass sie Krankheiten übertragen oder dreckig seien, handelt es sich dabei um sehr saubere Tiere, die schnell stubenrein werden – und die darüber hinaus auch noch sehr intelligent, überaus neugierig, verspielt und sogar ziemlich verschmust sind.

Auch Ratten sind dämmerungs- und nachtaktiv und brauchen täglich Auslauf, obwohl ihr Käfig im Vergleich zu anderen Nagern schon sehr groß ist: Empfohlen wird ein Mindestmaß von 1 Meter x 50 Zentimeter x 1 Meter – pro Tier, wohlgemerkt. Aber da Ratten sehr gesellig sind und ihr sie mindestens zu zweit, besser aber zu dritt halten solltet, kommt da schon ein bisschen was zusammen …

Das waren jetzt nur die drei beliebtesten Nagetierarten – aber es gibt noch viele weitere wie MÄUSE, DEGUS oder CHINCHILLAS.

Checkt die doch einfach mal aus – ich kann euch gleich verraten:

Sie sind allesamt echt süß!

FRAGE gecheckt!

Der Speiseplan der unterschiedlichen Nager ist dabei grundsätzlich ziemlich ähnlich – übrigens auch der Kaninchen. Neben Wasser und Heu ist das frisches Futter: Möhren, Gurke, Gras, Löwenzahn und viel Salat. Hin und wieder ein Stück Obst, zum Beispiel Äpfel oder Birnen, und ein paar frische Kräuter wie Petersilie dazu – und schon habt ihr rundum gut ernährte Nager. Trockenfutter oder sogenannte Pellets, wie sie im Handel angeboten werden, sind eigentlich nicht nötig – und durch ihre Inhaltsstoffe manchmal sogar richtig ungesund für die Tiere.

HAMSTERBACKEN

Hamster lassen Nahrung, die sie nicht essen wollen, in ihren Backentaschen, um sie später irgendwo als Reserve zu verstecken. Dabei können die Hamsterbacken zwei- bis dreimal so groß werden wie der Kopf!

Auch wenn sich Nagetiere bester Gesundheit erfreuen, muss man leider sagen, dass sie nicht besonders alt werden – vor allem im Vergleich zu Hunden, Katzen oder gar Schildkröten. Kaninchen und Meerschweinchen werden immerhin ungefähr fünf bis acht Jahre, Hamster und Ratten hingegen nur zwei bis drei Jahre alt.

Aber selbst eine so kurze Lebenserwartung wie bei Hamstern ist wirklich kein Grund, davor zurückzuschrecken. Und da spreche ich aus eigener Erfahrung, ich hatte nämlich selbst mal einen Hamster.

Darf ich vorstellen? Das ist Haselnuss.

Voll süß, oder? Wir beide hatten auch echt megaviel Spaß miteinander, haben viel gemeinsam erlebt und sind mit der Zeit zu richtigen Freunden geworden.

Bis Haselnuss eines Morgens dann leblos in seinem Käfig lag. Ich wusste natürlich irgendwie immer, dass der Tag kommen würde, aber ich hab trotzdem ne ganze Weile gebraucht, um zu kapieren, dass er tot ist.

Und dann war ich echt geschockt. Und unendlich traurig. Wie das eben ist, wenn jemand stirbt, der einem sehr ans Herz gewachsen ist. Schließlich ist derjenige weg und kommt auch nie mehr zurück. Damit muss man ja erst einmal klarkommen.

Was dabei hilft?
Das check ich für euch!

Checker FRAGE?

Was hilft dir, wenn dein Tier stirbt?

Als Haselnuss gestorben ist, ging es mir ne Zeit lang echt schlecht. Ich hatte zu nichts richtig Lust, mein Essen hat mir nicht geschmeckt und ab und zu musste ich plötzlich losheulen. Einfach nur, weil mir Haselnuss wieder eingefallen ist.

Diesen Zustand nennt man Trauer – und der ist dann völlig normal. Man kann nicht sagen, wie lange man trauert: Es dauert genau so lange, wie es eben muss, damit es uns wieder gut geht. Und das ist bei jedem Menschen unterschiedlich und bei jedem völlig okay! Das Gute allerdings ist: Wir müssen nicht einfach nur warten, bis es vorbei ist, sondern wir können der Trauer ein bisschen helfen.

In Deutschland beerdigen wir meistens unsere Toten – und das ist auch genau das, was ich mit Haselnuss gemacht habe. Zuerst habe ich ihm einen kleinen Sarg gebastelt und ganz bunt bemalt.

Dann habe ich Haselnuss in den Sarg gelegt und bin mit ihm an einen schönen, ruhigen und friedlichen Ort gefahren: in den Wald. Dort habe ich mir eine Stelle gesucht, ein Loch gebuddelt und den Sarg hineingelegt.

Doch bevor ich ihn begraben habe, hab ich mir erst einmal ganz viel Zeit genommen, um mich bei Haselnuss für unsere gemeinsame Zeit zu bedanken und mich zu verabschieden. Viele Menschen schreiben zu diesem Zweck auch einen Abschiedsbrief und legen ihn mit ins Grab.

Eine bewusste Verabschiedung ist das Allerwichtigste für die Trauer: So können wir loslassen und uns die schönen Erinnerungen bewahren. Und die können wir dann im Anschluss mit Freunden und unserer Familie teilen. Wir können lustige Anekdoten erzählen und gemeinsam lachen oder wir können uns trösten lassen, wenn wir mal traurig sind.

Reden hilft nämlich immer!

Und irgendwann hat man dann die Trauerphase überwunden und es geht einem wieder gut.

So traurig der Tod von Haselnuss war – so schön, lustig und schlichtweg großartig waren die vielen anderen Momenten, die ich mit ihm erlebt habe. Und das sind die Momente, an die man sich gerne erinnert und die für immer bleiben. Egal bei welchem Haustier, ob Kaninchen, Meerschweinchen, Hamster oder Ratte.

Dass es noch ganz andere Haustiere gibt, ist euch sicher auch schon aufgefallen, oder? Genau, zum Beispiel die gefiederten.

Und was bei denen so abgeht, erfahrt ihr im nächsten Kapitel.

DER NAGETIER-CHECK

WER SIND WIR?

- Süße kleine Kerlchen mit viel Energie – aber unterschiedlichen Bedürfnissen

WAS KÖNNEN WIR?

- Die meisten von uns sind gesellig und nicht gern allein (außer Hamster).
- Kaninchen können super Gänge buddeln und sogar das ganze Jahr im Garten leben.
- Meerschweinchen quieken sehr laut zur Begrüßung und wenn sie sich aufs Futter freuen.
- Ratten sind besonders neugierig, verspielt und intelligent.

WAS MUSST DU BEACHTEN?

- Wir haben superweiches Fell, aber sei beim Kuscheln bitte sehr vorsichtig mit uns.
- Hamster und Ratten sind nachtaktiv und können ganz schön Lärm machen, während du schlafen möchtest.
- Die meisten von uns brauchen viel Auslauf und einen ausreichend großen Käfig.
- Wir werden alle nicht so alt.

STEINALTE NAGER

Vielleicht nicht ganz so quirlig und neugierig wie echte Ratten, dafür aber eeeeecht langlebig und ähnlich süß sind gebastelte Ratten aus Stein.

DU BRAUCHST:

- Flache graue Steine, am besten an einer Seite spitz zulaufend
- Graue Lederreste
- Graue Wollreste
- Klebstoff
- Schwarzen Filzstift

UND SO GEHT'S:

Schneide aus den Lederresten zwei Ohren und einen länglichen Schwanz aus. Für die Barthaare schneidest du einfach einen grauen Faden in mehrere gleich lange Teile.

Jetzt einfach alles auf den Stein an die passenden Stellen kleben, mit dem Filzstift schwarze Knopfäuglein malen und fertig ist deine Steinmaus.

Viel Spaß!

VÖGEL

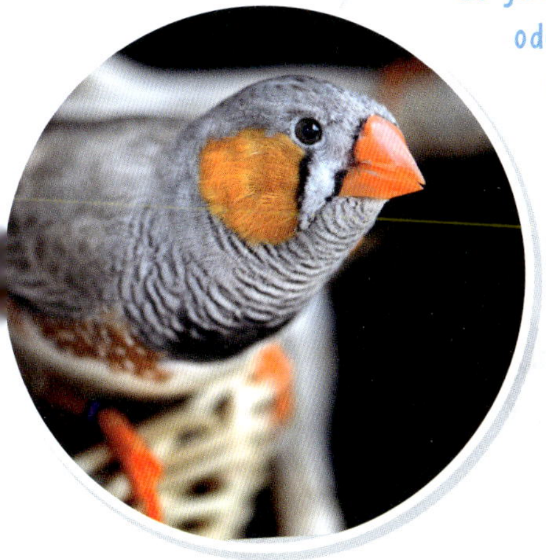

Es gibt wahnsinnig viele Menschen, die echt einen Vogel haben – oder sogar gleich mehrere! Und das meine ich natürlich nicht beleidigend, sondern wörtlich: Vögel sind sehr beliebte Haustiere!

Es gibt zig verschiedene Vogelarten, die als Haustier gehalten werden können, zum Beispiel **Kanarienvögel**, **Zebrafinken** oder **Papageien**. Allein in Deutschland leben Millionen von Vögeln als Haustiere!

Die mit Abstand beliebteste Vogelart ist der Wellensittich. Es gibt inzwischen bei den Gefiedern verschiedene Farbkombinationen, die Urform erkennt man aber an ihrem gelb-grünen Federkleid und der wellenförmigen Zeichnung. Deswegen lautet der wissenschaftlicher Name auch „Melopsittacus undulatus“, was so viel bedeutet wie „singender Wellenpapagei“.

Erstmals entdeckt wurden Wellensittiche 1770 in Australien, zu uns nach Europa gelangten sie aber erst im Jahre 1840. Die Menschen waren sofort begeistert von den hübschen Vögeln und es entstand ein wahrer Hype um sie. Es wurden derart viele Wellensittiche aus Australien exportiert, dass die Regierung ein Gesetz erlassen musste, das die Ausfuhr von Wellensittichen untersagt. Und das gilt sogar heute noch!

Um die Nachfrage zu stillen, wurden die begehrten Tiere deshalb ab Mitte des 19. Jahrhunderts, also vor ca. 150 Jahren, in Europa gezüchtet, weswegen es neben den klassischen grün-gelben Vögeln inzwischen auch viele andersfarbige Exemplare gibt.

Die Begeisterung der Menschen hatte aber nicht nur mit ihrem Gefieder oder ihrem fröhlichen Gesang zu tun, sondern vor allem auch mit ihrem Sprachtalent. Denn Wellensittiche gehören zu den Papageienarten – und die können bekanntlich die menschliche Stimme nachahmen!

Ein Wellensittich namens Puck hält den Weltrekord für den größten Wortschatz, den ein Vogel je hatte. Er konnte tatsächlich 1728 Wörter auswendig. Krass, oder?

Wie das überhaupt geht?
Das check ich für euch!

Vögel gelten allgemein als superschlaue und intelligente Tiere – das habe ich bei einigen Experimenten mit Forscherin Auguste herausgefunden.

Eine Krähe kann zum Beispiel Stöckchen geschickt als Werkzeug benutzen, um an Essen heranzukommen. Etwas, das man sonst eigentlich nur von unserem nächsten Verwandten, dem Menschenaffen, kennt.

Checker FRAGE?

Wieso können manche Vögel sprechen?

Vögel der Papageienart Kea können sogar Puzzleteile zusammensetzen!

Berühmt sind Papageien aber vor allem für ihr Sprachtalent.

Wir Menschen brauchen zum Sprechen unseren Atmungsapparat, unser Lungensystem sowie unseren Kehlkopf samt Stimmlippen. Die Stimmlippen bestehen aus drei Gewebeschichten. Beim Sprechen oder Singen vibrieren diese Schichten und lassen einen Ton entstehen.

Vögeln fehlen diese Stimmlippen – dafür haben sie ein ganz eigenes Organ, um Töne zu formen: die sogenannte Syrinx, auch Stimmkopf genannt. Und dieser Stimmkopf ist wirklich einzigartig bei Vögeln. Kein anderes Tier besitzt so etwas.

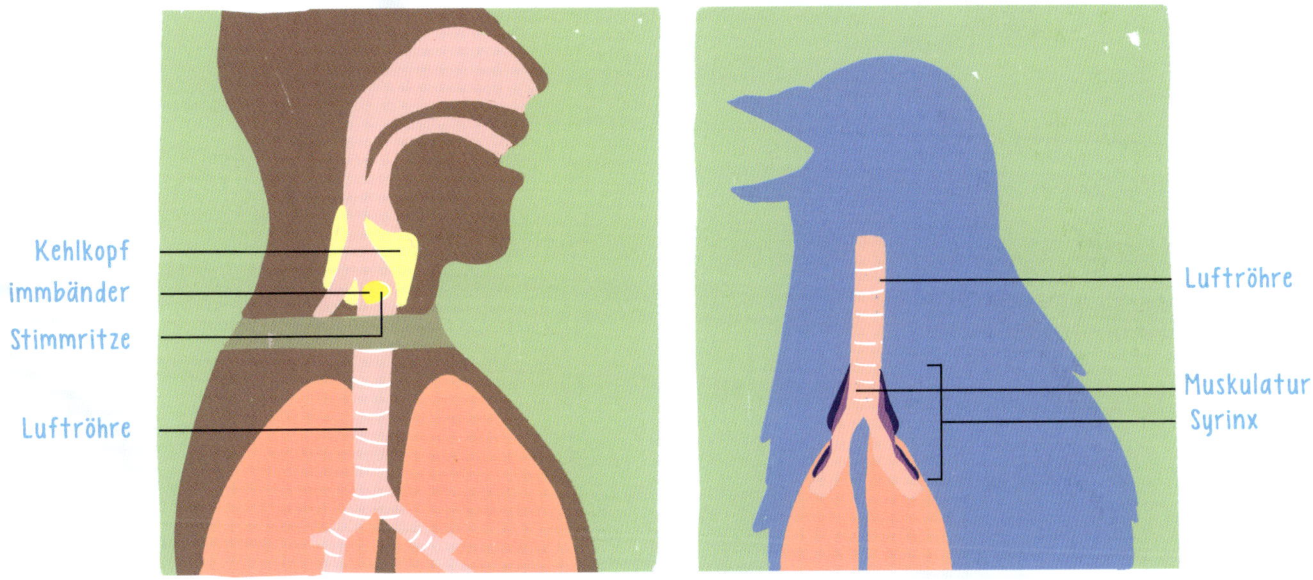

Während bei uns Menschen der Kehlkopf an der Vorderseite des Halses liegt – der große Knubbel, der sich beim Schlucken und Sprechen bewegt – befindet sich die Syrinx bei den Vögeln ganz am Ende der Luftröhre, bevor diese sich in die zwei Lungenflügel aufteilt.

FRAGE gecheckt!

Diese Syrinx besteht aus Membranen, also sehr dünnen Häutchen. Und wenn Luft aus den Bronchien in den Rachenraum strömt, beginnen diese dünnen Membranen zu schwingen und Töne zu erzeugen. Im Prinzip also ganz ähnlich wie bei uns Menschen. Vereinfacht könnte man sagen, dass wir Menschen mit dem Kehlkopf sprechen und Vögel mit dem Stimmkopf.

SPRACHWUNDER PAPAGEI

Mit seiner ungewöhnlich großen und kräftigen Zunge kann ein Papagei nicht nur menschliche Wörter und Sätze nachahmen, sondern auch Kreissägen, Feuermelder oder Handyklingeltöne!

Noch bis zum Ende des 20. Jahrhundert dachten die Menschen übrigens, dass einzeln gehaltene Wellensittiche besonders zahm und gesprächig wären. Die Vögel wurden daher allein und in viel zu kleinen Käfigen gehalten.

Dann hat man glücklicherweise erkannt, dass das Tierquälerei ist und Vögel dringend Gesellschaft brauchen – schließlich leben sie in der Natur immer in großen Schwärmen. Der Wellensittich zum Beispiel ist sogar in Gruppen von bis zu 2000 Vögeln unterwegs.

Wenn sie allein und einsam sind, leiden Vögel tierisch. Ein Mensch ist kein Ersatz – und auch ein Spiegel im Käfig schafft keine Abhilfe. Deswegen solltet ihr euch zumindest auf ein Vogelpärchen im Käfig einstellen.

Außerdem benötigen die reinlichen Tierchen ein Vogelbad und mindestens zwei Sitzstangen aus Holz oder Kork – so können sie nämlich ihre Krallen abnutzen und ihrem angeborenen Nagetrieb nachkommen. Wo genagt wird, fallen dann aber natürlich auch Späne: Vögel verursachen einiges an Dreck und eine regelmäßige Reinigung des Käfigs und seiner Umgebung ist absolut notwendig.

Da Wellensittiche in freier Natur täglich bis zu 100 Kilometer am Tag zurücklegen können, bedeutet so ein Käfig aber grundsätzlich eine enorme Einschränkung. Am allerbesten ist daher eine Haltung in einer Voliere im Garten. Das ist eine Käfiganlage, in der Vögel frei fliegen können.

Wenn das nicht möglich ist und ihr sie bei euch in euren vier Wänden haltet, brauchen die Vögel täglich ihren Freiflug, um ihrem großen Bewegungsdrang gerecht zu werden. Aras brauchen sogar mehr als zwei Stunden am Tag! Vögel haben schließlich ihre Flügel nicht, um irgendwo auf einer Stange herumzusitzen, sondern zum Fliegen!

VIBRATIONSSINN

Wellensittiche haben einen Vibrationssinn: Sinneskörperchen am Fuß melden dem Vogel kleinste Erschütterungen und sollen ihn vor Fressfeinden warnen. Deswegen darf ein Vogelkäfig auf keinen Fall auf den Kühlschrank oder ähnlich vibrierende Flächen gestellt werden, denn das verursacht dem Vogel dauerhafte Angstzustände und Stress.

Beseitigt dabei unbedingt vorher Gefahren wie giftige Pflanzen oder enge Spalten hinter Schränken. Ganz wichtig ist natürlich auch, offene Fenster und Türen zu schließen, damit euer Vogel nicht plötzlich weg ist.

Was passiert, wenn ihr das doch mal vergessen solltet?

Das check ich für euch!

Checker FRAGE

Was passiert, wenn ein Haustier ausbüxt?

Grundsätzlich muss man sagen, dass ihr schon Glück braucht, damit ein Vogel wiedergefunden wird. Vögel sind nun mal echt klein und andere Menschen werden einfach seltener auf sie aufmerksam. Dennoch gibt es natürlich Möglichkeiten und Tipps, was ihr machen könnt – die übrigens für alle anderen Haustiere ebenso gelten.

Fragt bei der POLIZEI, dem nächsten TIERSCHUTZVEREIN und dem FUNDBÜRO nach. Meistens wenden sich die Finder von Haustieren zuerst an eine dieser Stellen.

Viele Haustiere verstecken sich in KELLERRÄUMEN oder GÄRTEN, manche haben sich einfach nur verlaufen: Eure näheren Nachbarn sollten in jedem Fall Bescheid wissen. Vielleicht hat ja jemand das Tier gesehen?

Um noch mehr Menschen zu erreichen, hilft das Verteilen von SUCHANZEIGEN. Schreibt ein paar Infos zu eurem Tier, idealerweise mit Foto, und schon können jede Menge Flugblätter an Laternenpfähle in eurer Umgebung geklebt werden.

Besucht das TIERHEIM in eurer Nähe. Große Tierheime bekommen jeden Tag mehrere Tiere – vielleicht ist eures ja dabei?

Leider sollten eure Eltern auch bei STRASSENMEISTEREIEN nachfragen: Falls dein Tier einen tödlichen Unfall hatte und gefunden wird, sind die Menschen dort zuständig.

Wenn ihr allerdings Wellensittiche oder Papageien vermisst, stehen eure Chancen schon etwas besser, denn diese Tiere tragen oft einen Ring.

Um die Ausbreitung der auf den Menschen übertragbaren Papageienkrankheit „Psittakose“ zu unterbinden, hat man früher Vögel beringt. Heute ist das vor allem als eine Art Ausweis für Vögel hilfreich: Die in den Ring eingravierte Nummer ist mitsamt euren Daten beim offiziellen Vogelsuchdienst gespeichert.

Wird ein Vogel mit einer dieser gespeicherten Nummern von einem Vogelkundigen gefunden, kann er das beim Vogelsuchdienst melden. Ihr werdet dann umgehend benachrichtigt und habt euren Liebling bald wieder zu Hause.

FRAGE gecheckt!

TATTOOS UND CHIPS

Katzen wird oft eine spezielle Kenn-Nummer ins Ohr tätowiert. Eine andere Möglichkeit, die häufig auch bei Hunden angewendet wird, ist ein implantierter Chip, wo Name und Adresse der Herrchen oder Frauchen vermerkt sind.

Vögel als Haustiere sind vielleicht nicht unbedingt besonders kuschelig, dafür aber gesellig und unterhaltsam. Entweder zum Quatschen, wegen ihres Gesangs oder weil sie vielleicht sogar ein paar Tricks vorführen, so wie mir hier das Klavier spielende Huhn Oreo.

Bankiva-Hahn

Das Huhn gehört zu den beliebtesten Vogelarten, die als Haustiere gehalten werden – weniger, weil es so musikalisch ist, sondern vor allem wegen der Eier. Mehr als 30 Milliarden Hühner gibt es auf der Welt. Also fast viermal so viel wie Menschen. Krass, oder?

Als Ur-Huhn, sozusagen die Mutter aller Haushühner, gilt das Rote Kammhuhn, auch Bankivahuhn genannt.

Diese Rasse war die erste, die vor 6.000 bis 8.000 Jahren domestiziert wurde. Auch schon zu dieser Zeit wurden Hühner in einem Stall gehalten, weil sie – im Gegensatz zum heutigen Haushuhn – noch ganz gut fliegen konnten. Die Menschen haben sie damals sehr gerne gegessen, und über die Jahrtausende hat sich das Huhn dann zu dem Haushuhn entwickelt, das wir heute vor allem von Bauernhöfen und Geflügelfarmen kennen.

Dabei kann man ein Huhn nicht nur dort, sondern auch ganz leicht zu Hause halten – natürlich nicht in der Wohnung, sondern im Garten.

Wie das geht?
Das check ich für euch!

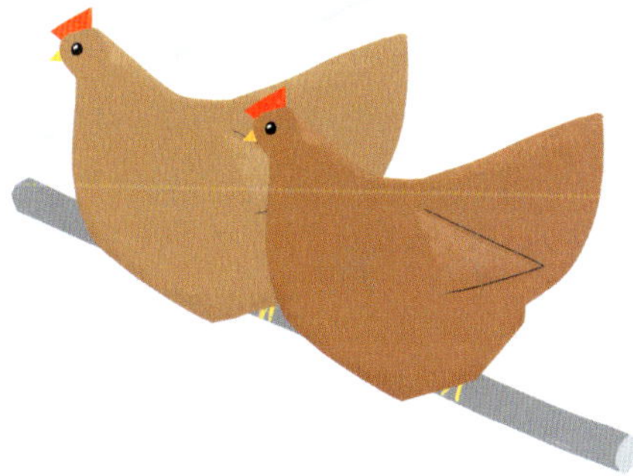

Checker FRAGE

Wie hält man Hühner?

Kikerikiiiii! Wer schon mal morgens den Hahn krähen gehört hat, weiß, dass Hühner echte Frühaufsteher sind. Dafür legen sie sich auch früh im Stall schlafen. Genauer gesagt, setzen sie sich schlafen. Und zwar gerne auf eine Stange.

Deshalb muss in einem Hühnerstall immer eine Sitzstange montiert sein. Die Nester aus Stroh benutzen Hühner nur, um dort ihre Eier zu legen und auszubrüten. Bis ein Ei im Huhn gereift ist, dauert es ungefähr einen Tag. Ihr könntet also oft mit frischen Frühstückseiern rechnen.

Hühner sind echt gesellige Tiere, die sich in Gruppen wohlfühlen. Deswegen solltet ihr immer mindestes drei Hühner gemeinsam halten. Es muss nicht immer ein Hahn dabei sein, ihr könnt auch ausnahmslos Hennen halten – Eier habt ihr trotzdem.

So eine Hühnergruppe lebt in einer festen Rangordnung – die sie selbst regelt. Und das ziemlich rabiat: Das stärkere Huhn hackt dem anderen Huhn so lange auf den Kopf, bis dieses kapiert hat, wer im Stall das Sagen hat. Daher kommt auch der Begriff „Hackordnung“. Meist stehen ältere Hennen über den Jungvögeln: Sie dürfen zuerst an den Futternapf und haben die freie Wahl ihres Schlafplatzes auf der Stange.

FRAGE gecheckt!

Wenn sie nicht gerade schlafen oder brüten, bewegen sich Hühner gerne. Sie sollten mehrere Stunden am Tag frei herumlaufen, weswegen sie auch einen eingezäunten Bereich brauchen, um dort in Ruhe scharren und picken zu können. Das ist äußerst wichtig für Hühner. Dabei finden sie nämlich nicht nur leckere Käfer und Würmer, sondern nehmen auch Sand und kleine Steinchen mit auf. Weil sie keine Zähne haben, hilft ihnen das, ihre Nahrung zu verdauen.

Darüber hinaus brauchen Hühner eigentlich nicht viel: ein regelmäßig gereinigter Hühnerstall, einmal täglich frisches Wasser und Körnerfutter genügen, um rundum glückliche Hühner zu haben.

Auch wenn ihr das vielleicht nicht vermutet, sind Hühner sehr verschmust und zutraulich, sobald sie sich an euch gewöhnt haben. Sie schnurren sogar! Deswegen sind sie auch für kleinere Kinder super als Heimtiere geeignet.

Alles viel zu aufgeregt, flatterig, anstrengend und laut? **Dann lest am besten ganz schnell das nächste Kapitel: Dort geht es merklich ruhiger zu.**

DER VOGEL-CHECK

WER SIND WIR?

- Gefiederte Leichtgewichte mit großem Bewegungsdrang

WAS KÖNNEN WIR?

- Uns zuzuschauen, macht einfach Spaß.
- Wir können singen und einige von uns können sogar Wörter lernen, wenn du dir genügend Zeit für uns nimmst.
- Wenn du ganz vorsichtig mit uns bist, darfst du uns streicheln.
- Hühner legen dir jeden Tag ein Frühstücksei.

WAS MUSST DU BEACHTEN?

- Wir mögen nicht allein sein. Du solltest immer mindestens zwei von uns halten.
- Wir brauchen jeden Tag die Möglichkeit zu fliegen.
- Weil wir gerne baden aber auch knabbern, machen wir ziemlich viel Dreck.
- Wenn wir in deiner Wohnung rumfliegen, musst du uns vor giftigen Pflanzen schützen.

CHECKER TOBIS VOGELHÄUSCHEN

Vögel kann man auch ganz wunderbar in der freien Natur beobachten.

DU BRAUCHST:

- Eine leere Milchpackung
- Farbe (evtl. Acryllack)
- Schere und Klebstoff
- Zwei Rundhölzer, je ca. 20 cm lang
- Vogelfutter
- Schnur (zum Aufhängen)

UND SO GEHT'S:

1. Zuerst musst du den Milchkarton gut auswaschen. Wenn er dann getrocknet ist, kannst du ihn bemalen oder bekleben. Sollte das Vogelhäuschen starker Witterung ausgesetzt sein, kannst du es noch mit Acryllack besprühen – dann hält es länger.

2. Dann schneidest du im unteren Viertel vier Schlitze über Eck in den Karton. (Am besten mit einer Schere – lasse dir von deinen Eltern helfen!) Drücke die Kanten über den Schlitzen ein bisschen ein, wie im Foto zu sehen.

3. Bohre in den unteren Teil jeweils mittig zwei gegenüberliegende Löcher, durch die du dann die Rundhölzer als Sitzstangen steckst. Fertig ist der Vogel-Sitzplatz.

4. Jetzt nur noch mit der Schnur an einen Baum oder auf den Balkon hängen und mit etwas Vogelfutter befüllen – dann bekommst du mit etwas Glück schon bald Besuch …

Viel Spaß!

FISCHE UND EXOTISCHE TIERE

Psssssst. Seid mal ganz leise! Hört ihr was? Nein? Kein Wunder, denn in diesem Kapitel geht es um Fische, Echsen, Spinnen und andere, noch viel exotischere Tiere. Und das alles sind eeeecht leise Haustiere! Also erst einmal eine gute Wahl, wenn eure Eltern von Lärm gestresst sind und ihr sie für ein Haustier begeistern wollt. Darüber hinaus bekommen eure Eltern auch keinen Ärger mit den Vermietern und die meisten dieser Tiere sind sehr gut für Menschen mit Allergien geeignet.

Wenn man solche Exoten als Haustier hält, haben sie eine weitere Gemeinsamkeit: Sie wohnen in Glaskästen. Bei Fischen wird dieser Glaskasten Aquarium genannt. Das leitet sich aus dem lateinischen Wort für Wasser, "aqua", ab. Ihr erschafft also eine Unterwasserwelt für eure Fische – die durch die bunten Tiere, verschiedene Pflanzen und kleine Dekorationen ein toller Hingucker im Zimmer ist.

Aquarien gibt es in vielen Größen – für welches man sich entscheidet, hängt vor allem vom Platz ab, den ihr zur Verfügung habt. Als Faustregel gilt: 1 Liter Aquarienwasser pro 1 Zentimeter Fischlänge. Das heißt, selbst wenn eure Fische nur 2 Zentimeter lang sind, braucht ihr mindestens 2 Liter Wasser. Dabei sollte das Aquarium nicht direkter Sonnenstrahlung ausgesetzt sein, damit sich das Wasser nicht zu sehr aufheizt. Und auch nicht unbedingt neben Musikboxen stehen, weil die Schallwellen die Fische stören könnten.

Grundsätzlich kann man sagen, dass ein Aquarium für Anfänger nicht zu klein sein sollte: Je weniger Wasser reinpasst, desto schneller kann sich dessen Qualität verschlechtern – was die Fische krank macht oder sogar sterben lässt!

Ihr solltet in jedem Fall also regelmäßig das Wasser kontrollieren und gegebenenfalls austauschen.

GOLDFISCH-GLÄSER

Die altbekannten runden Goldfischgläser sind schlecht für Fische! Die runde Form reflektiert Geräusche von allen Seiten gleichmäßig und macht so die Orientierung für Fische unmöglich. Außerdem sind sie viel zu klein für eine artgerechte Haltung.

Ein Aquarium besteht aber aus viel mehr als einem einfachen Glaskasten: Man braucht auch einen Filter, einen Heizstab, eine Pumpe, die passende Beleuchtung und einen Deckel. Meistens gibt es das im Laden schon als komplettes Paket zu kaufen. Die Anschaffung ist nicht ganz billig – aber wenn man sie mal gemacht hat, kommen auch keine allzu großen Kosten mehr dazu: Fischfutter ist nicht teuer, Spielzeug braucht ihr auch nicht und auch die Fische selbst sind oft sehr preisgünstig zu haben. Viele kosten nur einstellige Euro-Beträge.

Wenn ihr verschiedene Fische haben wollt, ist dabei vor allem die Zusammensetzung der Gruppe wichtig. Während einige Tiere sich ausschließlich im Schwarm wohlfühlen, haben andere Fische da überhaupt keinen Bock drauf. Und zudem vertragen sich auch nicht alle Fischarten gleich gut. Informiert euch also im Vorfeld darüber, wen ihr zusammenwohnen lassen könnt – sonst stressen und streiten sich eure Fische die ganze Zeit nur.

Aber wie streiten die sich überhaupt?
Fische sind doch stumm, oder?
Das check ich für euch!

Checker FRAGE

Wie kommunizieren Fische miteinander?

Wenn Menschen eher schweigsam sind, sagt man gerne, sie seien „stumm wie ein Fisch", aber das ist totaler Unsinn. Fische sind gar nicht so schweigsam, wie wir immer denken. Wir können die Töne, die sie machen, nur nicht hören, weil diese nur selten an die Wasseroberfläche gelangen. Unter Wasser dagegen herrscht ein Lärm wie auf einem Spielplatz. Also fast. An allen Ecken fiept, brummt und grunzt es! Aber wie machen die das – Fische haben schließlich keine Stimmbänder?

Diese Frage hat mir Nicki beantwortet – der ist nämlich nicht nur Angler, sondern vor allem auch Fischzüchter und kennt sich super mit Fischen aus.

Dass Fische Geräusche machen können, liegt zum Teil an ihrer Schwimmblase. Die ist mit Luft gefüllt – genau wie ein Luftballon.

Das Blaue ist die Schwimmblase.

Geräusche erzeugen Fische damit, indem sie entweder Luft entweichen lassen oder indem sie ihre Muskeln, die über der Schwimmblase liegen, hin- und her bewegen.

So wie beim Knurrhahn zum Beispiel. Der knurrt nämlich wirklich! Das klingt dann wie bei einem Hund, der sein Revier verteidigt. Der Amerikanische Silberbarsch hingegen hört sich an wie eine Schreibmaschine und der Kugelfisch erinnert an einen gurgelnden Menschen. Andere Fische erzeugen aber auch Geräusche mit den Zähnen oder den Gräten. Und es gibt auch weitere Kommunikationskanäle, zum Beispiel Elektrizität, Geruch oder Berührungen.

FRAGE gecheckt!

Geräusche dienen Fischen grundsätzlich als Orientierung, als Erkennungszeichen bei der Paarung oder zur Verteidigung ihres Reviers. Ein Streit im Aquarium wird dagegen weniger ausdiskutiert, sondern handfest ausgetragen: Fische bespucken sich gegenseitig, bewerfen sich mit Sand und Steinchen oder beißen einander in die Schwanzflosse. Meist hilft dann nur, die Streithähne voneinander zu trennen, damit wieder Ruhe im Aquarium herrscht.

Fische sind alles in allem aber natürlich trotzdem sehr ruhige Haustiere und vor allem für Menschen geeignet, die niemanden zum Kuscheln brauchen, nicht viel Zeit haben und wenig Aufwand betreiben wollen. Denn mehr als zwei Stunden pro Woche muss man nicht einrechnen.

Bei der Pflege muss man allerdings ziemlich genau sein, damit die ganze Unterwasserwelt nicht aus den Fugen gerät: Die Futtermenge muss exakt stimmen, sodass die Fische nicht hungrig sind, aber auch keine Reste das Wasser verunreinigen. Damit dessen Qualität immer optimal ist, muss einmal wöchentlich mindestens ein Drittel (aber höchstens die Hälfte) des Wassers ausgetauscht und regelmäßig der Boden mit einem sogenannten **Mulmsauger** abgesaugt werden.

Dafür hat man dann aber rund um die Uhr ein viel abgefahreneres Programm als jeder Bildschirm:

Es ist total beruhigend, wenn man beobachtet, wie die Fische so sanft durch das Wasser gleiten. Wenn ihr also eher hibbelig seid oder nie wisst, wohin mit eurer Energie – vielleicht ist dann ein Aquarium genau das Richtige, um auch mal runterzukommen und zu entspannen.

Ganz ähnlich faszinierend ist auch der andere Glaskasten, den ihr euch ins Zimmer stellen könnt: das Terrarium. Das Wort leitet sich vom lateinischen Wort „terra“ ab, was Erde bedeutet. Ihr erschafft darin also für eure Haustiere eine Welt mit weniger Wasser, dafür mit Steinen, Moosen und Pflanzen.

Für wen ihr das eigentlich macht?
Das check ich für euch!

Checker FRAGE

Wer lebt alles in einem Terrarium?

Ein Terrarium kann ganz verschiedene Tierarten beherbergen, je nach euren Vorlieben. Zum Beispiel solche, bei denen ich mir echt nicht vorstellen kann, sie jemals als Haustier zu halten: SPINNEN.

Vogelspinnen sind dabei die beliebteste Art: Sie sind ordentlich groß, schön anzusehen und viele Arten sind auch für Anfänger geeignet. Aber diese Spinnen sind keine Vegetarier, sondern Fleischfresser. Ihr müsst sie also mit lebenden Tieren füttern!

Zwei, drei Insekten wie Grillen oder Schaben genügen aber für eine Woche. Die könnt ihr entweder beim Händler kaufen oder in einem zweiten Terrarium halten, als sogenannte Futterinsekten.

Und damit sind wir schon bei der zweiten Möglichkeit, ein Terrarium zu füllen: mit INSEKTEN. Auch sie sind ziemlich anspruchslos – und darüber hinaus meist Vegetarier, die sich mit ein bisschen Obst begnügen. Beliebt sind vor allem Tausendfüßler, Käfer oder Heuschrecken.

Wenn ihr euch Gespensterheuschrecken haltet, habt ihr sogar immer ein lustiges Suchspiel dabei! Diese hier werden aufgrund ihres Aussehens auch Stabheuschrecken genannt – dreimal dürft ihr raten, warum …

Die dritte Gruppe sind AMPHIBIEN. Die haben ein großes Bedürfnis nach Wasser, deswegen solltet ihr immer so eine Art Pool einbauen, in dem sich die Tiere aufhalten können. Wie alle Terrarientiere sind auch Amphibien wie Salamander, Frösche oder Kröten recht günstige Haustiere. Dafür haben viele aber eher komplizierte Bedürfnisse, vor allem, was Luftfeuchtigkeit angeht.

REPTILIEN gehören zu den beliebtesten Terrarientieren. Ganz vorne mit dabei sind Bartagamen, die immer ein wenig an Drachen erinnern. Sie sehen einfach faszinierend aus und man kann ihnen stundenlang zugucken – außerdem sind sie tagaktiv. Im Gegensatz zur Königsnatter, die wir hier geweckt haben – und die nebenbei bemerkt völlig ungefährlich ist!

Die Königsnatter ist eine Würgeschlange und bei ihr steht – wie bei den meisten Reptilienarten – Fleisch auf dem Speiseplan. Gerne in Form von Mäusen!

Ganz anders hingegen ist es bei der beliebtesten Schildkröte, der Griechischen Landschildkröte. Sie ist ein Pflanzenfresser und frisst am liebsten Wiesenkräuter oder Salat. Aber Vorsicht, die süßen Tiere werden bis zu 80 Jahre alt!

FRAGE gecheckt!

Ihr seht, es gibt also echt viele, total unterschiedliche Tierarten, die ihr in einem Terrarium halten könnt.

Ähnlich wie beim Aquarium braucht ihr auch für Terrarien eine Zusatzausstattung – und die ist ziemlich umfangreich: Auf jeden Fall braucht ihr eine Futter- und eine Wasserstelle. Dann ein Hygrometer, um die Luftfeuchtigkeit zu messen, und ein Thermometer für die Temperatur, denn viele Terrarienbewohner sind da äußerst empfindlich.

Außerdem bedarf es noch einer Zu- und Abluftanlage. Zusätzlich zur normalen Tagesbeleuchtung benötigen viele Tiere Bestrahlung mit UV-Licht, also künstliches Sonnenlicht. So kann man den Tieren nämlich einen für sie normalen Tagesrhythmus vorgaukeln. Und weil die meisten dieser Tiere eigentlich in wärmeren Regionen zu Hause sind, braucht ihr in der Regel auch eine Wärmelampe.

Klingt ganz schön umfangreich? Ist es auch. Die Haltung von Terrarientieren ist ziemlich kompliziert. Und das für lange Zeit, denn die meisten Terrarienbewohner werden zehn Jahre und älter. Und weil sie wirklich nur zum Anschauen da sind und auch keinen Krach mögen, raten die meisten Fachleute eher davon ab, sie in einem Haushalt mit Kindern zu halten. Vor allem, wenn es sich um ganz exotische Exemplare handelt.

Besonders bei den Exoten kommt dann sogar oft noch ein ganz anderes Problem hinzu. Welches?

Das check ich für euch!

Checker FRAGE

Was ist Tierschmuggel?

Je exotischer ein Tier ist, desto seltener und außergewöhnlicher ist es auch für die Menschen, und leider auch für viele deswegen ganz besonders begehrenswert. Manche Menschen bezahlen viel Geld für ein seltenes Exemplar. Doch du kannst nicht einfach in ein fremdes Land fahren und ein Tier als Souvenir mit nach Hause bringen. Denn wenn das jeder machen würde, wären viele Arten längst ausgestorben. Deswegen wurde der Handel weltweit für viele Arten komplett verboten!

ARTENSCHUTZ

Viele Tierarten wurden durch illegales Fangen und Töten sowie durch Handel stark dezimiert. Deshalb wurde 1973 das „Übereinkommen über den internationalen Handel mit gefährdeten frei lebenden Tieren und Pflanzen", kurz CITES, getroffen. Und das besagt, dass Handel nur dann stattfinden darf, wenn er nicht den Erhalt der Art gefährdet.

Viele Kriminelle halten sich aber nicht daran, machen sich den Wunsch nach seltenen Tieren zunutze und versuchen sie heimlich nach Deutschland zu bringen, um sie dort teuer zu verkaufen. Mit anderen Worten: Sie schmuggeln die Tiere – denn das bedeutet das Wort „schmuggeln": etwas heimlich und unerlaubt über eine Landesgrenze bringen.

Manchmal töten sie die Tiere sogar und stopfen sie aus oder bringen nur begehrte Teile mit, etwa die Elfenbein-Stoßzähne von Elefanten!

Die meisten geschmuggelten Tiere stammen aus Afrika oder Südamerika, denn dort leben einfach besonders viele exotische Tierarten. Um zu verhindern, dass geschmuggelte Tiere oder verbotene Tierprodukte nach Deutschland gelangen, kontrolliert der Zoll mithilfe von speziell trainierten Artenschutz-Spürhunden das Gepäck: Wenn die etwas Verdächtiges erschnuppern, schlagen sie sofort an.

Tausende seltene Schlangen, Schildkröten, Papageien werden auf diese Weise jährlich auf deutschen Flughäfen beschlagnahmt und nach einer Gesundheitsprüfung den örtlichen Zoos übergeben.

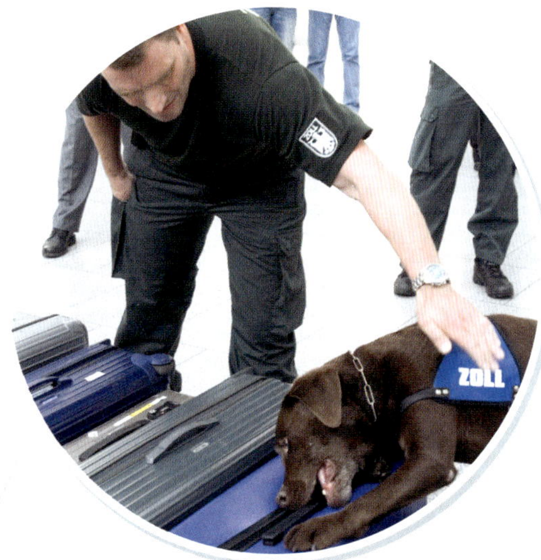

FRAGE gecheckt!

Doch leider bleiben viel zu viele Fälle unentdeckt. Daher gelangen trotzdem unzählige Tiere und Tierprodukte nach Deutschland. Sicher ist nur: Jedes davon ist eines zu viel.

Es gibt viele Dinge, die ihr bei exotischen Tieren beachten müsst, und viele Fehler, die ihr bei der Haltung machen könnt. Deswegen raten Fachleute auch eher dazu, die Haltung solcher Tiere in die Hände von Erwachsenen zu legen und sich ein Tier zu suchen, das besser für Kinder geeignet ist.

Das Problem ist meist nur – welches? Lieber einen treuen Hund oder eine geheimnisvolle Katze? Ein paar drollige Vögel oder doch lieber einen Stall voll Kaninchen?

Für alle, die sich noch unsicher sind, kommt jetzt die ultimative Entscheidungshilfe!

Viel Spaß dabei!

DER FISCHE- UND EXOTEN-CHECK

WER SIND WIR?

- Stille Mitbewohner mit teilweise komplizierten Bedürfnissen

WAS KÖNNEN WIR?

- Mit uns bekommst du einen Blick in eine andere Welt: Aquarium und Terrarium
- Uns zu beobachten, kann sehr beruhigend sein.
- Wir sind mucksmäuschenstill.

WAS MUSST DU BEACHTEN?

- Wir sind anspruchsvoll und brauchen ganz bestimmte Lebensbedingungen.
- Um uns richtig zu pflegen illegal , brauchst du die Hilfe eines Erwachsenen.
- Manche von uns fressen gern lebendes Futter.

CHECKER TOBIS HAUSTIER-PSYCHOTEST

1 Outdoor oder Zimmerpflanze?

A Aktiv und hippelig

B Bei schlechtem Wetter bleibe ich lieber drin.

C Ich verkrümel mich gern in meinem Zimmer.

D Drin oder draußen: Ich mag beides.

2 Nachteule oder Frühaufsteher?

C Mich bringt nichts aus der Ruhe: Ich schlafe wie ein Stein.

B Zum Einschlafen höre ich am liebsten ruhige Musik.

D Ich bin immer frühmorgens hellwach.

A Keine besonderen Vorlieben

3 Wie viel Zeit hast du für dein Haustier?

A Täglich locker 2 Stunden

D Jeden Tag ein bisschen

C Jeden Tag 1/2 Stunde

B Jeden Tag 1 Stunde

4 Mein Haustier soll sein ...

A Bester Freund und Familienmitglied

B Kuscheltier und Spielgefährte

D Spannendes Beobachtungsobjekt

C Niedlicher Zimmergenosse

5 Wie viel Platz hast du?

D Jede Menge in der ganzen Wohnung

C Eine kleine Ecke in meinem Zimmer

A Ein Haus mit Garten

B Irgendwo in unserer Wohnung wird sich schon ein Plätzchen finden

6 Wie viel Geld kannst du pro Monat für dein Haustier ausgeben?

D 10 €

B 50 €

A Bis zu 100 €

C 20 €

7 Bist du bereit?

A Wind und Wetter machen mir nichts aus.

C Ich kann mich gut an Regeln halten.

D Geduld ist meine große Stärke.

B Ich ekle mich nicht so schnell.

Dieses Haustier passt zu dir:

A HUND
Du bist für das anspruchsvollste Haustier bereit: Hunde brauchen viel Zeit und Zuwendung, aber da du gern rausgehst und den Hund als Familienmitglied betrachtest, bekommst du von deinem vierbeinigen Gefährten auch viel zurück.

B KATZE
Für dich ist Kuscheln und mit deinem Tier Spielen groß geschrieben. Du hast auch kein Problem mit Katzenhaaren, einem Katzenklo oder hin und wieder einer toten Maus. Katzen sind deine Wahl. Mit diesen anhänglichen, aber eigensinnigen Gefährten wirst du viel Freude haben.

C MEERSCHWEINCHEN
Du hast nicht so viel Zeit, nicht so viel Platz, wenig Geld, möchtest dich aber gern um ein Lebewesen kümmern. Meerschweinchen sind pflegeleichte und lustige Zimmergenossen, wenn du ein paar Grundregeln beherzigst. Ideal für Einsteiger.

D WELLENSITTICH
Du hast kannst gut beobachten und musst dein Tier nicht unbedingt streicheln: Wellensittiche sind großartige Haustiere, wenn du sie richtig behandelst. Mit etwas Geduld kann dein Vogel sogar sprechen lernen und ihr werdet viel Spaß miteinander haben.

SO, LEUTE!

Das war es jetzt leider mit dem großen Haustier-Check. Hat er euch gefallen? Also, mir hat es jedenfalls tierisch Spaß gemacht. Allein schon, weil ich gelernt habe, wieso **Katzen** meistens auf ihren Füßen landen. Das würde ich echt auch gerne können!

Oder **Ratten!** Hättet ihr gedacht, dass eine Rattenmutter – wenn es ganz krass läuft – über 200 Junge pro Jahr zur Welt bringen kann?

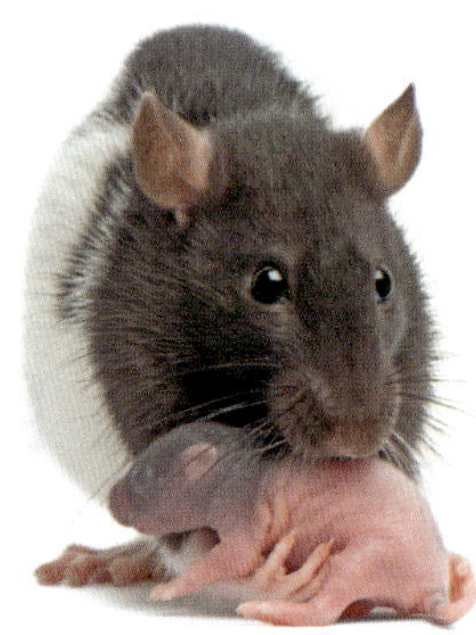

Oder dass **Wellensittiche** super viel quatschen? Also ich nicht!

Ich fand das alles jedenfalls schon ziemlich abgefahren und echt spannend! Und trotzdem gäbe es noch so viel mehr, was man über die einzelnen Tierarten erzählen könnte! Wenn ihr euch also für ein oder mehrere Haustiere interessiert – dann informiert euch bitte noch einmal ausführlich, bevor ihr euch entscheidet.

Immerhin geht's ja um ein neues Familienmitglied. Um einen besten Freund, der euch sein Leben lang braucht – und der dabei auch eine Menge für euch tut: Dank eines Haustiers werdet ihr verantwortungsvoller, einfühlsamer, seid weniger gestresst und oftmals auch fitter und gesünder! Und sei es auch nur für zwei Jahre.

Bis zum nächsten Mal!
Ich freu mich drauf!

Euer Tobi

© Hans-Florian Hopfner

Tobias Krell, geboren 1986 in Mainz, absolvierte sein Masterstudium an der Filmuniversität „Konrad Wolf" in Potsdam-Babelsberg und stand als Reporter und Filmkritiker von 2008–2014 für DASDING.tv, dem jungen Programm des SWR, vor der Kamera. 2012 setzte er sich im Checker-Casting gegen 160 Mitbewerber durch. Seither hat er weit mehr als 150 Folgen „Checker Tobi" sowie diverse Sondersendungen und Spin-offs gedreht. Für seine Arbeit als Moderator wurde er u. a. mit dem Nachwuchsförderpreis des Bayerischen Fernsehpreises ausgezeichnet (2016) und war für den Grimme-Preis nominiert (2017). Ebenfalls sehr erfolgreich lief sein Dokumentar-Kinderfilm „Checker Tobi und das Geheimnis des Planeten" 2019 in den Kinos.

© uebelmitgespielt

Gregor Eisenbeiß schreibt sich seit seinem Diplom 2009 an der Filmakademie Baden-Württemberg (Drehbuch) vielfältig durch die deutsche Medienlandschaft: Kino („Blacktape"), Serien für Kinder („Tiere bis unters Dach", „Die Muskeltiere") oder für Erwachsene („Alle Jahre wieder", „Im Knast", diverse Krimis) gehören genauso zu seinem Repertoire wie preisgekrönte Werbung („Tasty Tasches"). Dafür wurde er inzwischen mehrfach ausgezeichnet, u. a. mit dem Baumhaus/Boje-Medienpreis der Akademie für Kindermedien oder dem German Design Award (Gold) der Bundesrepublik Deutschland.

© Hans-Florian Hopfner

Carolin Flammang absolvierte nach einem Studium der Kunst- und Theatergeschichte an der Ludwig-Maximilians-Universität München eine Ausbildung zur Kommunikationsdesignerin. Seitdem lebt und arbeitet sie als Grafikdesignerin, Motion-Designerin und Illustratorin in München. Zu „Checker Tobi" hat Carolin einen ganz besonderen Bezug. Sie ist bereits seit einigen Jahren für die Illustrationen und Animationen in der Wissenssendung verantwortlich.

CHECKER-TOBI-QUARTETT

Es gibt so viele coole Haustiere!
Manchmal möchte man sie am liebsten alle haben.

Das geht – mit Checker Tobis Haustier-Quartett!

Viel Spaß!

1a Golden Retriever

Kuschelfaktor ● ● ● ●
Herkunft England
Eigenschaften gutmütig, kinderlieb
Fun Fact kein Wachhund

1b Husky

Kuschelfaktor ● ●
Herkunft Nördliches Sibirien
Eigenschaften extremer Bewegungsdrang ausgeprägter Jagdinstinkt
Fun Fact ähnelt dem Wolf

1c Mops

Kuschelfaktor ● ● ● ●
Herkunft China
Eigenschaften sehr verspielt freundlich, mitunter dickköpfig
Fun Fact Hund des Kaisers von China

1d Pinscher

Kuschelfaktor ● ● ● ●
Herkunft Europa
Eigenschaften temperamentvoll, freundlich, verschmust
Fun Fact früher beliebter Hofhund

2a Angorakatze

Kuschelfaktor ● ● ● ●
Herkunft Türkei
Eigenschaften selbstbewusst, seidiges Fell, am besten zu zweit zu halten
Fun Fact türkisches Nationaltier

2b Hauskatze

Kuschelfaktor ● ● ● ●
Herkunft Libyen
Eigenschaften verschmust Ideal als Freigänger
Fun Fact im alten Ägypten als Gottheit verehrt

2c Nacktkatze

Kuschelfaktor ● ● ● ●
Herkunft Kanada, Russland
Eigenschaften ideal für Tierhaar-Allergiker, sehr temperaturempfindlich
Fun Fact bekommt Sonnenbrand

2d Siamkatze

Kuschelfaktor ● ● ● ●
Herkunft Thailand
Eigenschaften hoher Bewegungsdrang, tolle Wohnungskatze sensibel
Fun Fact wird bis zu 25 Jahre alt

3a Hamster

Kuschelfaktor ● ●
Herkunft Nordafrika
Eigenschaften anspruchsvoller Einzelgänger, nachtaktiv
Fun Fact bewahrt Futter in seinen Backen auf

3b Kaninchen

Kuschelfaktor ● ●
Herkunft Asien, Europa
Eigenschaften nur in Gruppen glücklich, mag nicht gern hochgehoben werden
Fun Fact buddelt lange Gänge

3c Meerschweinchen

Kuschelfaktor ● ● ●
Herkunft Südamerika
Eigenschaften zahm, gesellig, übermütig, vermehrt sich sehr schnell
Fun Fact springt aus dem Stand bis zu 25cm hoch

3d Ratte

Kuschelfaktor ● ● ● ●
Herkunft Himalaya
Eigenschaften verspielt, intelligent, verschmust, muss mindestens zu dritt gehalten werden
Fun Fact in Indien heilig

4a Ara

Kuschelfaktor ● ●
Herkunft Lateinamerika
Eigenschaften sehr intelligent, sprechbegabt
Fun Fact dickköpfig

4b Huhn

Kuschelfaktor ● ●
Herkunft Ostasien
Eigenschaften sozial, verschmust kann Eier legen, nicht für die Wohnung geeignet
Fun Fact 40-42°C Körpertemperatur

4c Kanarienvogel

Kuschelfaktor ● ●
Herkunft Kanarische Inseln
Eigenschaften verspielt sprechbegabt, braucht viel Platz
Fun Fact kann Melodien nachsingen

4d Wellensittich

Kuschelfaktor ● ●
Herkunft Australien
Eigenschaften gesellig, gibt niedliche Töne von sich, sucht sich Partner fürs Leben
Fun Fact kackt alle 20 Minuten

5a Bartagame

Kuschelfaktor ●
Herkunft Australien
Eigenschaften fellloser Einzelgänger, hält Winterruhe
Fun Fact stellt bei Aufregung den Kragen auf

5b Chamäleon

Kuschelfaktor ●
Herkunft Afrika
Eigenschaften wechselt je nach Stimmung die Farbe
Fun Fact bewegt die Augäpfel unabhängig voneinander

5c Stabheuschrecke

Kuschelfaktor ●
Herkunft Vietnam
Eigenschaften stiller Pflanzenfresser, perfekt getarnt, nachtaktiv
Fun Fact sieht einem Zweig täuschend ähnlich

5d Vogelspinne

Kuschelfaktor ●
Herkunft Mittel- und Südamerika
Eigenschaften anspruchsvoll, frisst Lebendfutter
Fun Fact wird bis zu 30 Jahre alt

Bei diesem Buch wurden die durch das verwendete Material und die Produktion entstandenen CO_2-Emissionen ausgeglichen, indem der cbj Verlag ein Projekt zur Aufforstung in Brasilien unterstützt.
Weitere Informationen zu dem Projekt unter:
www.ClimatePartner.com/14044-1912-1001

MIX
Papier aus verantwortungsvollen Quellen
FSC® C106600

Penguin Random House
Verlagsgruppe FSC® N001967

Wir produzieren Klimaneutral
ClimatePartner.com/14044-1912-1001
Druckprodukt

1. Auflage 2022

Umschlaggestaltung und Layout: Kathrin Schüler
Umschlag- und Innenillustrationen: Carolin Flammang / megaherz
Umschlagfoto: Hans-Florian Hopfner / megaherz
Bildredaktion: Tanja Zielezniak
Text: Gregor Eisenbeiß
TP • Herstellung: AJ
Satz: Kathrin Schüler, Berlin
Reproduktion: Lorenz+Zeller GmbH, Inning a. A.
Druck: DZS Grafik d.o.o., Ljubljana
ISBN 978-3-570-17972-7
Printed in Slovenia

www.cbj-verlag.de

Quellen- und Bildverzeichnis

Aus folgenden Checker-Tobi-Folgen wurde Material verwendet:
Steinzeit-Check, Milch-Check, Cowboy- und Indianer-Check, Filmtier-Check, Intelligenz-Check, Hexen-Check, Ungeziefer-Check, Frühlings-Check, Leben- und Sterben-Check, Eier-Check, Frische Fische-Check, Ekel-Check, Gift-Check
alle: © megaherz / Bayerischer Rundfunk

Illustrationen: Carolin Flammang / megaherz

Checker-Tobi-Fotos: Hans-Florian Hopfner / megaherz

Alle weiteren Abbildungen: AdobeStock: 15 u. li. (fotomaster), 15 u. re. (Eric Isselée), 16 o. li. (WildMedia), 16 o. re. (Eric Isselée), 16 u. (cindy malnasi/EyeEm), 17 o. (veera), 20 u. (hedgehog94), 31 o. (Lumistudio), 31 u. i. (pixelspirale), 31 u. re. (Marc Scharping), 33 o. (highwaystarz), 34 m. (highwaystarz), 34 u. (pixelrobot), 35 u. (Herby (Herbert) Me), 36 u. li. (S. Engels), 36 u. re. (noskaphoto), 37 (rouakcz), 43 o. (voren1), 45 o. (MNStudio), 45 u. (grauvision), 46 o. (denisval), 46 u. li. (SL photo), 46 u. m. li. (sere-graff), 46 u. mi. re. (chayantorn), 46 u. re. (alexandro900), 51 (Роман Ахметов), 52 o. (Astrid Gast), 52 u. (Nadine Haase), 55 (romablack), 59 li. (vovan), 59 m. (Mary Swift), 59 re. (ooddysmile), 61 (byrdyak), 62 o. (alexanderoberst), 63 u. (arkadijschell), 65 o. (raquelvizcaino), 66 (Carmen Steiner), 73 o. (NPD stock), 73 m. (reuerendo), 73 u. (Africa Studio), 74 o. (Werner), 76 o. (Eric Isselée), 76 u. (jodie777), 79 (jedsadabodin), 80 u (Narupon), 87 (Sergii Figurnyi), 88/89 (Oleksii Fadieiev), 92 o. (Jan Prchal), 94 li. (Marina), 100 u. re. (Eric Isselée); Flora Press: 84, 85 o., 85 u. (Helga Noack); Getty Images: 47 o. (David Livingston/Kontributor), 96 re. (Ulrich Baumgarten/Kontributor); iStockphoto: 24 o. (kzenon), 36 o. (whitemay), 54 u. (Nednapa), 88 o. (Mirko_Rosenau), 88 u. (Mirko_Rosenau);
Picture Alliance: 20 o. (OKAPIA KG, Germany/Ingo Gerlach/OKAPIA), 38 li. (Robert Bosch Stiftung/dpa), 38 re. (dpa/dpa-Zentralbild/Michael Reichel), 39 (Waltraud Grubitzsch/dpa-Zentralbild/ZB/Waltraud Grubitzsch), 95 (Photoshot); Picture Press: 11 (Thomas Wachter/GEO);
Shutterstock.com: 9 (Tatyana Vyc), 14 (Andrew M. Allport), 15 o. li. (Poring Studio), 19 (rangsan paidaen), 20 m. (Oliveshadow), 21 (Monika Chodak), 22 u. (olgagorovenko), 23 o. (Nomad_Soul), 23 u. (Evgeny Bakhchev), 24 u. (Natalliaskn), 29 (alexei_tm), 30 (Gorodenkoff), 32 li. (TeddyandMia), 32 re. (alexei_tm), 49 m. (katamount), 54 o. (Kashaeva Irina), 62 u. (Bragapictures), 63 o. (Formatoriginal), 75 o. (Adrian Today), 78 (UniqSnaps), 82 o. (Beaves), 82 u. (caseyjadew), 90 m. (Gerald Robert Fischer), 91 o. (Ralf Hirsch), 91 m. (beeboys), 91 u. (Sergiy Akhundov), 94 re. (D.L.Sakharova), 96 li. (BNP Design Studio)

HEIMKEHR